KURT TEPPERWEIN

Die Kunst, das Leben anzunehmen

KURT TEPPERWEIN

Die Kunst, das Leben anzunehmen

WIE SIE WAHRE STÄRKE FÜR DIE HERAUSFORDERUNGEN DES ALLTAGS GEWINNEN KÖNNEN

Bibliografische Information der Deutschen Nationalbibliothek
Die Deutsche Nationalbibliothek verzeichnet diese Publikation in der Deutschen Nationalbibliografie. Detaillierte bibliografische Daten sind im Internet über http://dnb.d-nb.de abrufbar.

Für Fragen und Anregungen
info@mvg-verlag.de

Originalausgabe
1. Auflage 2020
© 2020 by mvg Verlag, ein Imprint der Münchner Verlagsgruppe GmbH
Nymphenburger Straße 86
D-80636 München
Tel.: 089 651285-0
Fax: 089 652096

Redaktion: Simone Fischer, Marion Musenbichler
Umschlaggestaltung: Laura Osswald
Umschlagabbildung: shutterstock.com/Tonktiti
Satz: ZeroSoft, Timisoara
Druck: CPI books GmbH, Leck
Printed in Germany

ISBN Print 978-3-7474-0151-4

Weitere Informationen zum Verlag finden Sie unter

www.mvg-verlag.de

Beachten Sie auch unsere weiteren Verlage unter www.m-vg.de

Inhalt

Den Spiegel vorhalten

*Alles, was in meinem Leben auftaucht, ist
ein Spiegel meines Bewusstseins und zeigt
mir mein eigenes Inneres.*

Unbekannt

Warum das Leben gut ist, wie es ist, und warum du
völlig okay bist, wie du bist, das möchten wir mithilfe dieses Buches herausfinden und offenlegen. Vielleicht
denkst du, irgendetwas läuft falsch. Vielleicht bist du mit
dir nicht zufrieden. Vielleicht zweifelst du an dir. Vielleicht denkst du, dass du viele Dinge falsch gemacht und
versäumt hast. Vielleicht glaubst du, dass es das Leben
nicht gut mit dir meint. Vielleicht denkst du, dass es alle
anderen besser haben als du. Es gibt viele »Vielleichts«,
aber ein Vielleicht ist eben kein Sicher. Auf den ersten
Blick scheinen die Dinge anders zu sein als gedacht.
Auch auf den zweiten Blick sind sie nicht anders. Oft
stellt sich heraus, dass wir etwas missverstanden haben.

Missverständnisse ziehen sich durch das ganze Leben, sie begleiten uns. Uns ist gar nicht bewusst, dass wir aus einem einzigen Missverständnis heraus leben, und das möchten wir uns hier etwas genauer ansehen.

Dazu findest du nachfolgend gleich einige Fragen, die ganz bewusst zu Beginn des Buches stehen, da deine Antworten nach dem ersten Kapitel – und am Ende des Buches sowieso – ganz anders ausfallen würden. Ich möchte keine Ratschläge geben, von denen es ohnehin genug gibt. Ich möchte, dass du die Fragen aufrichtig und spontan beantwortest und erst danach mit dem Lesen fortfährst. Während des Lesens wirst du sicher verschiedene *Déjà-vus* haben. Dich werden Gedankengänge ereilen, die du gut beobachten solltest. Du wirst nämlich erkennen, in welche Ecke dich dein Verstand gedrängt hat und immer wieder drängen wird, denn du erlebst direkt, wie dich alte Programme beeinflussen und manipulieren.

In welcher begrenzten Sicht- und Denkweise wir alle feststecken, ohne uns dessen bewusst zu sein, ist eine spannende Entdeckung. Vielleicht ist diese Erkenntnis nicht angenehm, aber auf alle Fälle heilsam. Wie heißt es so schön: Die Dinge sind nie so, wie sie scheinen. Und das stimmt.

Du wirst dich mithilfe deiner Antworten selbst etwas besser kennenlernen und sehen, wie du tickst. Wir müssen herausfinden, warum wir immer gleich reagieren und immer in dieselben Fallen tappen. Auch stecken wir ständig in denselben Emotionen fest und dieses Spiel wiederholt sich über Jahre. Wenn wir nichts tun, wird sich daran nichts ändern. Und ich bin mir sicher, dass du aus deinen Verhaltensweisen und Gewohnheiten aussteigen möchtest, damit sich auch in deinem Leben neue Situationen und Perspektiven ergeben. Immer dieselbe Leier. Stets dasselbe Gedankenspiel. Situationen scheinen sich zu wiederholen, Gefühle auch. Immer in denselben Scherereien herumzuirren macht niemandem Freude.

> Wenn wir nichts tun, wird sich auch
> nichts an unserer Situation ändern.

Traue dich ganz offen an die Fragen heran. So schlimm sind sie nicht. Dennoch gilt auch hier: Die Dinge sind ganz anders, als wir glauben. Vieles erweckt den Anschein, so oder so zu sein, und dann ist es doch anders. Und eigenartigerweise sehen wir das nicht. Wir laufen blind durch die Gegend und es bleibt unentdeckt. Dieses Blind-Sein ist das, was uns leiden lässt.

Die folgenden Fragen sehen auf den ersten Blick harmlos aus, haben es aber in sich. Es ist gut, dass wir nicht gleich erkennen, worauf die Fragen hinauswollen. Überlege nicht, was du antworten sollst, sondern schreibe frisch von der Leber weg deine Antworten auf. Missachte, wenn dein Verstand dir eine Antwort suggeriert, die sich zwar gut anhört, aber sich nicht mit deinem Wesen deckt. Denke einfach, dass es hier um nichts geht, außer um Aufrichtigkeit. Sei mutig und stelle dich dieser Herausforderung und umgehe sie nicht. Mogeln gilt nicht, denn wenn du unaufrichtig bist, belügst du dich selbst. Nur Ehrlichkeit und offenes Hinsehen bringen uns weiter. Deshalb sei offen und authentisch. Hier geht es nicht darum, dir Fehler und Unzulänglichkeiten aufzuzeigen, sondern Verhaltensweisen, Gewohnheiten und Denkprogramme aufzudecken. Wenn wir das sachlich und unpersönlich betrachten, kann das sehr hilfreich sein. Und es tut nicht weh. Zumindest körperlich nicht!

Es ist unerlässlich, dass wir selbst entdecken, wo wir sozusagen festhängen und wo es einer Veränderung und Verbesserung bedarf. Deine Antworten werden dich während des Lesens viel erkennen lassen, ohne zu belehren. Lass uns beginnen.

Stell dir diese Fragen

Was man sich innerlich nicht bewusst gemacht hat, ist sein äußeres Schicksal.

C. G. Jung

Fehlt dir etwas in deinem Leben? Bitte benenne es:

1. _____

2. _____

3. _____

4. _____

5. _____

Glaubst du, dass es dir besser gehen würde, wenn sich einer dieser Punkte erfüllen würde?

☐ Ja ☐ Nein ☐ Nur vorübergehend
☐ Bedingt ☐ Nicht wirklich

Was würdest du dir wünschen, wenn du jetzt etwas ändern könntest?

Wunsch 1: _____

_____

Wunsch 2: _____

_____

Wunsch 3: _____

_____

Weitere Wünsche:

_____

_____

_____

_____

_____

_____

_____

_____

_____

_____

_____

Wir alle haben Menschen in unserem nahen Umfeld (Eltern, Partner, Kinder, Freundin, Freund etc.), die uns mal mehr oder weniger auf die Nerven gehen. Ganz gleich, ob das gut ist oder schlecht, es geht hier nur darum, was du aus deiner Sicht gerne ändern würdest.

Person 1: _____

_____

Was sollte sie deiner Meinung nach ändern:

_____

_____

_____

_____

_____

Person 2: _____

_____

Was sollte sie deiner Meinung nach ändern:

_____

_____

_____

_____

_____

Person 3: _____

_____

Was sollte sie deiner Meinung nach ändern:

_____

_____

_____

_____

_____

Benenne drei Situationen in deinem Leben, die du gerne anders haben würdest:

Situation 1: _____

_____

Wie sollte sich die Situation deiner Meinung nach ändern:

_____

_____

_____

_____

_____

_____

Situation 2: _____

_____

Wie sollte sich die Situation deiner Meinung nach ändern:

_____

_____

_____

_____

_____

_____

Situation 3: _____

_____

Wie sollte sich die Situation deiner Meinung nach ändern:

_____

_____

_____

_____

_____

_____

_____

Erinnere dich an ein Ereignis in deinem Leben, wo dir etwas gut gelungen ist oder sich ein Ziel verwirklicht hat. Was war das?

_____

Was hast du dazu beigetragen, dass dies eingetroffen ist? Was war der Grund für diesen Erfolg?

_____

_____

_____

_____

_____

Erhoffst du dir in Büchern Antworten auf deine Fragen?
☐ Ja   ☐ Nein

Suchst du nach Lösungen und Auswegen?
☐ Ja   ☐ Nein

Wenn du die Zeit noch einmal zurückdrehen könntest, welche Dinge in deinem Leben würdest du ändern (Beruf, Partner, Hobby, Lebenstraum, Wohnort, Job etc.). Benenne es und umschreibe es kurz.

_____

_____

_____

_____

_____

_____

_____

_____

_____

_____

_____

_____

_____

_____

Vielleicht ist es etwas befremdend, Fragen zu beantworten, bevor das Buch überhaupt angefangen hat. Du wirst sehen, dass es später auch Fragen gibt, die am Ende eines Kapitels stehen. Denke nicht darüber nach. Es hat alles seinen Sinn. Wichtig ist, dass du spontan bist und Überlegungen keinen Raum gibst. Sie einfach du selbst, entspannt und losgelöst.

Nimm es, wie es ist

*Die Gelassenheit ist eine anmutige Form
des Selbstbewusstseins.*

Marie von Ebner-Eschenbach

Warum sind wir nie zufrieden? Warum wollen wir ständig etwas ändern? Alles muss besser, schneller und schöner sein und dies erzeugt Druck. Lebensratgeber boomen, weil man sich Lösungen erhofft. Man möchte sein Leben neu gestalten. Dagegen gibt es nichts einzuwenden, wenn man dabei nicht vergisst, dass der freie Wille nicht hält, was er verspricht. Wir glauben, alles erreichen zu können, was wir uns in den Kopf gesetzt haben. Letztendlich erfüllen sich manche Wünsche und einige Ziele verwirklichen sich. Trotzdem macht uns das nicht glücklich. Es mag sein, dass wir für kurze Zeit fröhlicher und ausgelassener sind, aber schlussendlich merken wir: Etwas fehlt. Was ist dieses Etwas, das fehlt? Kann es wirklich unser einziges Ziel sein, im Leben etwas zu erreichen und materiellen Zielen nachzujagen?

Wenn man Menschen, die etwas Großes geleistet haben, fragt, wie sie das geschafft haben, lautet die Antwort oft: Ich weiß es nicht. Es hat sich so ergeben. Es ist einfach passiert. Irgendwie hat es geklappt.

Natürlich braucht es unser körperliches Zutun, aber instinktiv spüren wir alle, dass die treibende Kraft etwas ganz anderes ist. Diese treibende Kraft ist nichts, wozu wir aufschauen müssen, denn sie begegnet uns auf gleicher Ebene, auf Augenhöhe. Im Grunde genommen sind wir nichts anderes, auch wenn wir in einem Körper stecken. Immer wieder hören und lesen wir von neuen Möglichkeiten, die unsere Probleme lösen sollen. Man sagt uns, was wir tun müssen, um etwas zu schaffen, zeigt uns Beispiele von Menschen, die etwas geschafft haben. Und in genau dieser Weise sollen wir dasselbe schaffen können? Ist nicht jedes Leben individuell? Kann man jemanden nachahmen? Lässt sich Leben nachahmen?

Was andere so gut gemacht und erreicht haben, löst in uns ungute Gefühle aus. Warum? Weil wir ja derjenige sind, der zu dumm, zu lahm oder zu weiß Gott was ist. Weil wir derjenige sind, der versagt hat. Es hat ja vor uns jemand geschafft, also müsste es auch uns gelingen. Nun entsteht die Frage, warum mir das nicht gelingt. Diese Frage erzeugt Druck und lässt uns an uns selbst zweifeln. Vergleiche sind der Untergang für jedes Ziel. Wie können wir Vergleiche anstellen, wo doch jeder Mensch individuell ist, so individuell wie sein Leben. Und trotzdem tun wir es andauernd: Vergleiche anstellen!

Jeder Erdbewohner geht seinen eigenen Weg. Keiner gleicht dem anderen. Wieso also sollten die Lösungen eines anderen auch meine Lösung sein? Wenn es bei uns nicht funktioniert, zweifeln wir grundsätzlich an unserer Methode, an unserer Vorgehensweise, an unseren Mitteln etc. Sind wir das Maß aller Dinge?

> Jeder Mensch geht seinen eigenen Weg.
> Keiner gleicht dem anderen.

Ich erinnere mich an eine Klientin, als ich noch eine Praxis hatte. Sie kam zu mir und war ziemlich verzweifelt über ihre Lebenssituation. Sie war sehr unzufrieden und unglücklich und suchte nach einem Ausweg. Sie fragte mich, wie sie sich aus dieser Misere befreien könnte. Und ich fragte sie, wie sie denn in diese Misere hineingekommen war. Sie blickte mich mit großen Augen an und zuckte mit den Schultern. Natürlich wusste sie es nicht.

Diese Gegenfrage stammt nicht von mir. Ich las sie einmal in einem Buch und irgendwie ist sie präsent geblieben. Wenn wir nämlich nirgendwo hineingeraten sind, können wir auch nicht herauskommen. Das klingt nicht nur logisch, sondern versteht sich ganz von selbst. Wie oft sagen wir, dass wir im Schlamassel feststecken. Dies suggeriert uns unser Denken. Feststecken tut nur das, was uns etwas suggeriert. Wir selbst stecken niemals fest, denn unser eigentliches Wesen ist frei. Doch was nützt uns dieses Wissen, wenn wir uns ausschließlich mit dem Körper identifizieren? Vielleicht ist es so, dass das, was wir als Problem erachten, etwas ganz anderes ist. Wir nehmen an, dass Dinge so oder so sind. Doch dies sind nur Annahmen und Vermutungen. Mit der Realität hat das herzlich wenig zu tun. Schwierigkeiten beginnen erst, wenn man über sie nachdenkt. Wenn wir nicht an sie denken, wo sind sie dann? Wo ist die Vergangenheit und wo ist die Zukunft?

Zurück zur Klientin. Sie war auch körperlich in keiner guten Verfassung und fragte mich, ob es gut wäre, einen sogenannten Heiler aufzusuchen. Ich sagte ihr, dass sie das selbst entscheiden müsse und ich sie nicht beeinflussen wolle. Aber es sei absolut okay, wenn sie das tun möchte. Tage später suchte mich eine andere Klientin auf, die ebenfalls gesundheitliche Probleme hatte. Ich wusste nicht, dass sich die beiden kannten. Das stellte sich erst im Nachhinein heraus. Diese Frau sagte mir, dass sie von Heilern nichts halten und gerne den Weg der Schulmedizin gehen würde. Auch zu ihr sagte ich, dass ich ihr diesbezüglich keinen Ratschlag geben könne, aber dass dies durchaus die richtige Entscheidung sei. Sie sollte nach ihrem Gefühl gehen und darauf vertrauen, dass sie die richtige Wahl treffen würde.

Als die erste Klientin mich zum zweiten Mal aufsuchte, erzählte sie mir, dass sie ihre Freundin getroffen hätte.

Sie wäre auch bei mir gewesen. Sie selbst würde seither an meiner Kompetenz zweifeln, da ich zu ihr ja gesagt hätte, dass ein Heiler okay sei, und zu ihrer Freundin, dass die Schulmedizin passend sei. Ob ich zu jedem etwas anderes sagen würde, wollte sie wissen. Wenn ich eine eigene Meinung hätte, müsste ich doch allen Patienten dasselbe sagen. Wenn ich mit allem einverstanden wäre, wo wäre da meine Glaubhaftigkeit? Schließlich könne man ja nicht jedem nach dem Mund reden. Gleichzeitig entschuldigte sie sich dafür, dass sie an mir zweifelte, wo sie doch in ihrem Herzen fühlte, dass sie bei mir gut aufgehoben sei. Trotzdem ging ihr etwas gegen den Strich. Sie bat mich um eine Erklärung für mein Verhalten. Ich fragte sie, ob sie denn etwas von Astrologie halten würde. Sie sagte, dass sie damit überhaupt nichts anfangen könnte. »Und ihre Freundin?«, fragte ich sie. »Ist sie nicht Astrologin?« Sie bejahte, sagte aber unverzüglich, dass sie Astrologie als Scharlatanerie verstehen würde und völlig dagegen sei. Sie fände Numerologie ganz gut, weil das für sie ein Fundament hätte. Ich antwortete ihr, dass wir soeben etwas ganz Wichtiges entdeckt hätten. Etwas, was ihr sehr weiterhelfen könnte. Ich wäre ihr sehr dankbar für ihre Offenheit und ihre Hilfe zur Klärung. Dies konnte sie nicht wirklich verstehen und sie sah mich mit offenem Mund an. Wahrscheinlich hatte sie einen enttäuschten oder verletzten Kurt Tepperwein erwartet. Ja, man kann immer nur das erwarten, was einem entspricht, was man selbst ist und vor allem wie man selbst ist. Ich konnte ihr ja nicht sagen, dass alles, was wir tun, in Ordnung ist. Ich glaube kaum, dass sie das verstanden hätte.

Ihre Beschwerde hatte auf alle Fälle unweigerlich etwas mit ihrer momentanen Lebenssituation zu tun. Diese war festgefahren, ihre Sichtweise auch. Wer so begrenzt denkt, bleibt in seinen Begrenzungen stecken und entsagt der natürlichen Fülle des Lebens. Ich erklärte ihr, dass die Astrologie genauso wichtig sei wie die Numerologie. Beides ist aber nicht gleich gut, sondern gleichwertig und ihr Stellenwert unterscheidet sich nicht voneinander. Unterschiede macht nur der Mensch. Ein jeder kann nur das gut finden, wozu er Resonanz hat und was für ihn sozusagen vorgesehen ist. Deswegen gibt es grundsätzlich überhaupt gar nichts, was falsch oder richtig ist. Jeder Mensch liegt absolut richtig in dem, was er tut, ganz gleich, ob ein anderer ihn oder sein Verhalten als falsch betrachtet. Es gibt nichts Falsches, es gibt nur Menschen, die Dinge als falsch deklarieren.

> Jeder Mensch liegt richtig in dem, was er tut,
> selbst wenn andere dies als falsch betrachten –
> denn es gibt nichts Falsches, sondern nur
> Menschen, die Dinge als falsch deklarieren.

Zum Schluss sagte ich noch zu ihr: »Wenn Sie all das, was im Leben geschieht, nicht bemängeln, so wie Sie es eben mit der Astrologie oder meinem Verhalten gemacht haben, werden sich Ihre Lebensumstände schlagartig ändern. Die Umstände folgen Ihrem Denken, Handeln und Fühlen. Ihre Sichtweise formt Ihr Leben. Ihre Gedanken sind dafür verantwortlich, wie sich Ihr Leben darstellt und zeigt. Warum sollte Astrologie schlechter sein als Numerologie? Es ist Ansichtssache und niemand kann etwas mögen, was ihm nicht entspricht. Alles im Leben hat seine Berechtigung. Es ist sehr hochmütig, gegen etwas zu sein oder zu glauben, dass nur das richtig und gut ist, was man selbst mag. Der andere liegt bestimmt nicht falsch, Sie tun ihm unrecht. Wenn die Menschen sich respektvoll begegnen und sich in ihrem Sosein vollkommen akzeptieren, wäre die Welt eine andere. ›Man kann ja nicht jedem nach dem Mund reden‹, haben Sie zu mir gesagt. Wie kommen Sie darauf? Diese Aussage hat natürlich etwas mit Ihnen zu tun. Sie können das nur sagen, wenn Sie so denken, wenn es Sie selbst betrifft. Sehen Sie einmal hin, wo Sie sich so verhalten, was Sie mir unterstellen und frisch-fröhlich vor sich hin interpretieren.«

Ich habe diese Klientin lange nicht mehr gesehen und erst nach Jahren wiedergetroffen. Sie bedankte sich bei mir, als wir uns bei einem Spaziergang im Park begegneten. Bei ihr hatte sich tatsächlich etwas geändert. Sie sagte mir, dass sie sich eine Zeit lang völlig gegen meine Aussagen gewehrt hätte, sie aber irgendwann gefruchtet hätten. Sie hatte bemerkt, mit welchen Widerständen sie zu kämpfen hatte und wie voreingenommen sie gewesen war. Sie hatte sich lange Zeit Vorwürfe gemacht, wie egoistisch und hochmütig sie sich anderen Menschen gegenüber verhalten hatte. Sie hatte sich aber selbst verziehen, weil sie sich heute absolut bewusst ist, dass jeder Mensch in jedem Augenblick so ist, wie er ist. Und anders kann man bekanntlich ja nicht sein.

Alles ist in Ordnung?!

*Kein Geist ist in Ordnung, dem der Sinn
für Humor fehlt.*

Samuel Coleridge

Wie bitte kann alles in Ordnung sein, wo sich Menschen gegenseitig bekriegen und Gewalttätigkeit an der Tagesordnung ist? Wie bitte kann alles in Ordnung sein, wenn täglich Kinder sterben und ganze Völker verhungern? Wie bitte kann alles in Ordnung sein, wo es doch so viel Ungerechtigkeit gibt und sich das Leben für so viele Menschen schwierig gestaltet? Was ist Ungerechtigkeit? Ungerechtigkeit gibt es nur dort, wo Menschen sind. Und Menschen denken. Wo also findet Ungerechtigkeit statt? Ungerechtigkeit entsteht im Kopf. Es braucht jemanden, der davon überzeugt ist zu wissen, was gerecht ist. Genauso verhält es sich mit Falsch und Richtig, Gut und Schlecht.

> Ungerechtigkeit entsteht im Kopf, sie entsteht
> dann, wenn jemand davon überzeugt ist zu
> wissen, was gerecht ist.

»Du hast das Buch an den falschen Platz gestellt.« Haben Bücher eigene Plätze? Muss ich nicht vorher einen Platz als ideal auserwählt haben, bevor ich so etwas behaupten kann? Und wer sagt mir, dass nicht der Platz, den der andere ausgewählt hat, der richtige ist? Woher weiß ich, was richtig ist? Es wirkt fast so, als würde das jeder für sich selbst bestimmen. Bin ich der Mittelpunkt der Erde? Bin ich der Intelligentere und habe ich mehr Rechte als andere? Muss immer alles so sein, wie ich es haben möchte?

Warum ziehen wir nicht annähernd in Erwägung, dass andere Menschen auch ihre Vorstellungen und eigenen Ideen haben? Wir haben nicht immer recht, auch wenn wir das gerne hätten.

> Wir haben nicht immer recht,
> auch wenn wir uns das wünschen.

Wie fühlt sich das für dich an? Was fällt dir dazu ein? Regen sich bei dir dazu Widerstände? Hast du Ideen dazu? Oder Anregungen?

»Das kann ja gar nicht sein, dass du die Prüfung nicht bestanden hast.« Doch, kann es. Man sieht es an der Note. Natürlich ist es sinnvoll zu lernen, wenn man zu einer Prüfung antritt, aber nur das Gelernte ist bestimmt nicht ausschlaggebend für das Ergebnis einer Prüfung. Ich habe eine Bekannte, die immer Klassenbeste war. Alle Aufgaben erledigte sie stets mit Bravour. Es kam der Tag der Führerscheinprüfung. Ich konnte gar nicht glauben, dass sie durchgefallen war. In ihrer Gruppe war eine Frau, die überhaupt nichts wusste. Alle anderen, inklusive meiner Bekannten, mussten die Fragen dieser Frau beantworten. Weil sich diese Frau so anstellte und Antworten gab, die alle zum Lachen brachten, fielen alle anderen ebenfalls durch. Nun stellt sich die Frage nach der Schuld. War die Frau schuld, die alle in die missliche Lage brachte? War der Prüfer schuld, weil er das Lachen der anderen nicht billigte? War der Tag schuld? Das Jahr? Das Leben? Es ist besser, sich solche Fragen erst gar nicht zu stellen. Eine

Antwort gibt es nicht. Es zu akzeptieren, wie es ist, ist eine gute Möglichkeit, mit solchen Situationen umzugehen. Das Leben wird in Richtungen gelenkt, die wir nicht bestimmen können. Fakt ist, dass wir herzlich wenig dazu beitragen können, um unserem Leben eine Richtung zu geben. Wir können zwar in jedem Augenblick unser Bestes geben, was aber nicht bedeutet, dass dies einen Einfluss auf irgendein Ergebnis haben könnte. Dies zu akzeptieren ist mehr als weise. In jedem Fall recht zu behalten und sich einzubilden, dass wir etwas ändern können, ist sehr einfältig. Natürlich können wir zum Leben etwas beitragen, aber nicht in dem Sinne, wie wir es glauben.

> Das Leben wird in Richtungen gelenkt, die wir nicht bestimmen können.

Wie fühlt sich das für dich an? Was fällt dir dazu ein? Regen sich bei dir dazu Widerstände? Hast du Ideen dazu? Oder Anregungen?

_____

_____

_____

_____

_____

_____

»Du hast eindeutig den falschen Partner.« Wie kann ein Partner falsch sein? Weil er nicht den Vorstellungen entspricht? Weil er Dinge tut, mit denen wir nicht einverstanden sind? Wie kann ein Mensch falsch sein, wenn er so ist, wie er ist? Es wäre eine Möglichkeit, dass wir unsere Vorstellungen niederlegen, bevor wir über jemanden urteilen. Das wäre auch eine Option. Alles, was uns begegnet und widerfährt, muss uns entsprechen, weil es unabhängig von uns nicht existieren kann. Alles ist eine Spiegelung unseres Soseins, dass wir das Außen als uns selbst erfahren. Wir glauben, dass Gedanken Schaden anrichten, lassen aber völlig außer Acht, dass das Leben selbst nichts außer Gedankengut ist.

> Ein Mensch kann nicht falsch sein,
> wenn er so ist, wie er ist.

Wie fühlt sich das für dich an? Was fällt dir dazu ein? Regen sich bei dir dazu Widerstände? Hast du Ideen dazu? Oder Anregungen?

_____

_____

_____

_____

_____

»Der schafft es ohnehin nicht. Er kann es nicht. Ich muss ihm helfen.« Wann beginnen wir, anderen Menschen etwas zuzutrauen? Vielleicht machen sie es anders als wir, aber wen stört das? Dich? Dein Ego? Wen sonst noch? Wenn wir jemandem helfen wollen, sich aus einer gewissen Situation zu befreien, könnte man das auch als Hochmut bezeichnen. Wir wollen ihm helfen. Warum? Weil wir es gut mit ihm meinen? Weil wir die Lösung wissen? Um seinetwillen? Oder vielleicht, weil wir es anders haben wollen, wir es anders machen würden? Wir sind aber nicht er und er ist nicht wir.

Wie fühlt sich das für dich an? Was fällt dir dazu ein? Regen sich bei dir dazu Widerstände? Hast du Ideen dazu? Oder Anregungen?

_____

_____

_____

_____

_____

_____

»Ich liebe dich.« Was für ein Satz. Eigentlich ist das kein ganzer Satz, sondern nur ein angefangener. Ich liebe dich, weil … Ich liebe dich, solange du so bist, wie ich dich haben möchte …

Es ist schön, Menschen zu mögen, doch wenn ich zu jemandem sage, dass ich ihn liebe, ist das bestimmt nicht die Liebe, von der dieses Buch handelt. Die persönliche Liebe ist immer mit Vorstellungen, Machtansprüchen und Bindungen verknüpft. Liebe hingegen ist frei.

Ich lerne einen Menschen kennen und plötzlich liebe ich ihn. Habe ich ihn ein paar Tage vorher noch nicht geliebt? Nein? Weil ich ihn noch nicht gekannt habe? Und wenn die Beziehung auseinandergeht, liebe ich ihn dann von einem auf den anderen Tag auch nicht mehr? Kann man das einfach so abstellen? Lässt sich Liebe abstellen? Ist das möglich? Abstellen tut das Ego und sonst nichts.

Wie fühlt sich das für dich an? Was fällt dir dazu ein? Regen sich bei dir dazu Widerstände? Hast du Ideen dazu? Oder Anregungen?

_____

_____

_____

_____

_____

_____

Warum glauben wir, dass Liebe etwas mit Partnerschaft zu tun haben muss? Wie kann man Liebe von etwas abhängig machen? Nach der anfänglichen Verliebtheit geht es ans Eingemachte. Egos prallen aufeinander. Der

Kampf beginnt. Immer wieder wird damit gehadert, dass der andere einen nicht versteht. Wie bitte soll der andere uns verstehen, wir verstehen uns doch selbst nicht einmal.

Wir verstehen auch den anderen nicht, denn wir müssten sein Gehirn haben, um das bewerkstelligen zu können. Wir können zwar versuchen, uns in ihn hineinzuversetzen, aber auch diese Empfindungen sind nichts als Spekulationen. So wie wir den anderen sehen, ist er nicht. So wie wir uns selbst wahrnehmen, sind wir ebenfalls nicht. Es sind nur gebündelte Gedanken, die wir den anderen und uns selbst überstülpen. Wir denken, dass wir so oder so sind, oder der andere so oder so ist. Kann der andere oder wir selbst das sein, was wir über ihn oder uns denken?

Wie fühlt sich das für dich an? Was fällt dir dazu ein? Regen sich bei dir dazu Widerstände? Hast du Ideen dazu? Oder Anregungen?

_____

_____

_____

_____

_____

_____

_____

Wir sehen den anderen. Er steht vor uns. Nun geht es ja darum, dass wir unser Gegenüber als etwas von uns Getrenntes wahrnehmen. Der andere ist der, der als Gegenüber wahrgenommen wird. Wir stehen hier und schauen uns um. Dann sehen wir »einen anderen«. Legen wir nun die Betonung einmal auf das Wort »sehen«, anstatt auf »den anderen«. Was verändert sich, wenn der Schwerpunkt nicht auf »den anderen« gerichtet ist? Rücke ich das Wort »sehen« in den Mittelpunkt, geht es mehr um den Vorgang des Sehens und nicht darum, was ich sehe. Sehen kann ich vieles. Es kann sich jederzeit ändern. Einmal ist es ein Berg, dann die Wolken, Tiere oder Menschen, Häuser und Blumen oder Flügel und Sterne. All das ist vom Sehen abhängig. Wenn du das einmal auf dich wirken lässt, kannst du vielleicht erahnen, was ich damit sagen möchte. Alles, was sich in unserem Leben ereignet, ist von unserer Sicht abhängig. Somit können die Dinge für jeden immer nur anders sein, weil jeder die Dinge anders wahrnimmt und sieht. Das Gesehene wird vom Verstand begleitet und dokumentiert. Das Gehirn kramt Erinnerungen hervor und vergleicht diese mit dem Gesehenen. Irgendwie wirkt sich das auf die Individualität des Gegenübers aus, das spätestens jetzt zu dem mutiert, wie wir es wahrgenommen haben. Natürlich ist es immer noch nicht so, wie wir es sehen, auch wenn wir uns dessen nicht bewusst sind. Wir gehen immer von dem aus, was *wir* sehen, wobei das mit dem Gesehenen herzlich wenig zu tun hat.

> Alles, was sich in unserem Leben ereignet,
> ist von unserer Sicht abhängig.

Wir können es nur individuell sehen, weil wir geprägt sind und über unsere eigene Sichtweise verfügen. Aber so, wie wir es sehen, kann es nicht sein. Es kann nicht alles gleichzeitig das sein, als was es gesehen wird. Ein Beispiel: Der eine findet das Kunstwerk schön, der andere schräg, ein weiterer hässlich und dem Nächsten ist es egal. So müsste das Kunstwerk schön, schräg, hässlich und uninteressant zugleich sein. Hast du darüber schon einmal nachgedacht? Wenn wir über Menschen urteilen, sagt das nichts über die Menschen aus, aber viel über uns selbst. Der andere Mensch ist nicht unhöflich, sondern wir denken, dass er unhöflich ist. Mein Gedanke »Der ist aber unhöflich« ist und bleibt mein Gedanke. Erinnern wir uns an das Spiegelgesetz: »Alles, was in meinem Leben auftaucht, ist ein Spiegel meines Bewusstseins und zeigt mir mein eigenes Inneres.« Vielleicht ist der andere nur so unhöflich, um uns die Chance zu geben, wertungsfrei zu bleiben? Das Leben wartet mit vielen Prüfungen auf. Was wissen wir schon, warum die Dinge so sind, wie sie sind? Wir sollten vermeiden, absolut alles persönlich zu nehmen, denn wenn wir das tun, so haben wir ein Problem. Wenn wir andauernd alles auf uns beziehen, haben wir ständig viele Probleme. Eine Eigenart des Menschen, die wir uns abgewöhnen können, ja, abgewöhnen sollten. Wenn wir relaxter sein wollen, sollten wir am besten heute noch damit beginnen.

> Wenn wir über Menschen urteilen, sagt das nichts über die Menschen aus, aber viel über uns selbst.

Frage dich einmal, wann du das letzte Mal jemandem komplett vorbehaltlos gegenübergetreten bist. Dies muss keine Person sein, es kann auch eine Situation sein. Eine Begebenheit, die sich vor Kurzem zugetragen hat. Ist es nicht so, dass wir bereits Gedanken parat haben, bevor wir die Möglichkeit hatten, das andere auf uns wirken zu lassen?

Wie oft sagen wir zu uns, dass wir uns etwas völlig anders vorgestellt haben. Das Treffen, die Bewerbung, das Wetter, die Prüfungsergebnisse oder was auch immer, all das ist völlig anders verlaufen. Es empfiehlt sich, den Dingen neutral zu begegnen und uns nichts vorzustellen. So können wir auch nicht enttäuscht sein. Wer Erwartungen stellt, ist selbst schuld. Und wer enttäuscht wurde, kann dankbar sein, dass uns der Mensch oder die Situation aus der Täuschung geholt hat. Unsere Einbildungen sind ziemlich aggressiv und hartnäckig. Sie lassen sich nicht einfach so abschütteln. Auch Vorstellungen, Meinungen und Annahmen haben jahrzehntelang gebraucht, um so stark und überzeugend zu sein, um uns derart zu behindern.

»Den Urlaub hatte ich mir ganz anders vorgestellt.« Na klar! Der Urlaub ist entweder anders, als du ihn dir vorgestellt hast, nämlich schlechter, oder er hat deine Erwartungen völlig übertroffen. Der Urlaub ist keine Vorstellung oder Erwartung. Das Kopfkino ist anmaßend und eine Sache für sich. Eine Sache für sich bedeutet, dass es etwas Eigenständiges ist, auch wenn wir uns ständig darauf beziehen. Es glaubt, alles bestimmen, wissen und an sich reißen zu müssen. Wie schön, wenn man beginnt, ein wenig Freiheit zu schnuppern, von herkömmlichem Wissen abläßt und sich vom Alltag überraschen lässt. Wozu muss ich wissen, wie etwas sein wird?

Wozu gehen Menschen zum Wahrsager oder Ähnlichem? Weil ihnen nicht bewusst ist, dass es nur den Augenblick gibt. Hast du dir schon einmal ein Zugratzick gekauft? Nein? Vielleicht deshalb, weil es das nicht gibt? Warum beschäftigen wir uns mit Dingen, die jetzt nicht sind? Es geht immer nur um das Jetzt. Vergangenheit sind Gedanken, die ich mir im Jetzt mache. Zukunft sind Gedanken, die ich mir im Jetzt mache. Es gibt nichts anderes außer dem Jetzt. Ich kann mich am Jetzt auch erfreuen, ohne irgendwelchen Gedanken nachzuhängen. Ohnehin funktioniert das Jetzt nur ohne Gedanken. Das bedeutet aber nicht, dass ich gedankenlos umherirren soll und nicht mehr denken darf, sondern dass ich Gedanken als etwas von mir Getrenntes wahrnehmen sollte. Ich bin nicht meine Gedanken, ich bin auch nicht meine Gefühle und nicht mein Körper. Ich bin etwas ganz anderes. Etwas, das wir herausfinden sollten. Es lohnt sich.

> Es geht immer nur um das Jetzt.

Auf der Suche nach Lösungen

Wer sich nachts zu lange mit den Proble-
men von morgen beschäftigt, ist am nächs-
ten Tag zu müde, sie zu lösen.

Rainer Haak

Im Grunde genommen haben wir die Lösungen ja alle bereits parat und wissen, was wir tun und nicht tun sollen. Doch wir ignorieren das und umgehen diese inneren Impulse. Warum? Weil wir unserer Logik folgen. Doch Logik schöpft nur aus Erinnerung und ist nicht in der Lage, über sich hinauszugehen.

Wir suchen nicht nur selbst nach Lösungen, sondern sind auch ständig darauf erpicht, andere Menschen mit Lösungsvorschlägen zu beglücken. Wir wissen, was für den anderen gut ist, und glauben auch zu wissen, was er anders machen könnte. Wenn das Augenmerk mehr auf den anderen gerichtet ist als auf uns selbst, ist das schon etwas fragwürdig. Wir können nie wissen, was für den anderen gut ist, weil wir nur in den Kategorien »richtig« und »falsch« denken können. Dies bedeutet, dass wir die Sache so oder so interpretieren, doch die volle Tragweite nie erfassen können. Wir sehen ein paar Einzelheiten und reimen uns mithilfe des Denkens den Rest zusammen. Und das soll gute Lösungen hervorbringen? Ich wage es zu bezweifeln.

Manche oder sogar die meisten unserer Lösungen, die wir anderen andenken, sind mehr ein Einmischen, ein Eingreifen und Dazwischenfunken, aber keine wirkliche Unterstützung. Wenn wir versuchen, eine Raupe ins Schmetterlingsdasein zu befördern, werden wir daran scheitern. Sie muss den Prozess ganz allein durchlaufen und das braucht eine gewisse Zeit und Reife. Bei den Menschen ist es nicht anders. Wir müssen uns zigmal die Finger verbrennen und den Kopf so lange stoßen, bis wir den Schmerz satthaben. Erst dann werden wir etwas ändern. Natürlich könnten wir auch schon vorher etwas ändern, aber es sind die Erfahrungen, die uns bewusster werden lassen.

Wenn wir in der Schublade unseres Freundes ein schimmeliges Brötchen entdecken, brauchen wir uns nicht darüber zu beschweren, dass es dort liegt. Er weiß sicher selbst, dass es dort *nicht* hingehört. Wir sind nicht die einzigen Intelligenzbolzen auf der Welt. Öffnen wir deshalb die Schublade, damit er hineinsehen kann, und schon hat sich die Sache erledigt.

Hören wir anderen am besten nur zu, anstatt ihnen Lösungen zu präsentieren, die keiner gebrauchen kann.

Lösungen, die wir uns vorstellen und jemandem andenken, sind unsere Lösungen. Wie können wir uns anmaßen zu glauben, dass diese Lösung auch für ihn passt? Wir sehen die Dinge ganz anders, als er sie sieht. Wenn wir andere Menschen ihre eigenen Erfahrungen machen lassen, ist das die wertvollste Hilfe, die wir ihnen bieten können. Wenn wir ihnen sagen, was sie tun sollen, verlieren sie nicht nur ihre Selbstständigkeit, sondern tun etwas ganz anderes, als sie von sich aus getan hätten. Nicht in das Leben anderer einzugreifen nennt man Liebe. Wir meinen es zwar gut, aber das können wir sein lassen. Man sollte Egoismus nicht verwechseln mit helfen wollen. Was auch immer wir dem anderen sagen, wichtig ist, dass er selbst zur Einsicht kommt und nicht von uns beeinflusst wird.

> Jeder Mensch muss selbst zur Einsicht kommen
> und seine eigenen Lösungen finden.

Ich erinnere mich an einen guten Schulfreund. Er klagte mir stets sein Leid, da es viele Dinge gab, die ihm an seiner Frau nicht passten. Irgendwann entdeckte ich, dass ich gegen diese Frau eine regelrechte Abneigung entwickelt hatte. Er hatte mir so viele negative Geschichten erzählt, die mir die Frau immer unsympathischer machten. Ich schenkte ihm unbewusst Glauben und hatte das Bild, das er sich über seine Frau zurechtgelegt hatte, teilweise übernommen. Das geht automatisch. Und man kann nichts dagegen tun, dass dies nicht geschieht, außer sich solche Kommentare nicht mehr anzuhören.

Es gibt so vieles in uns, was uns beeinflusst und prägt. So tickt der Mensch. Deswegen sollte man sich genau überlegen, was man anderen erzählt. Und man soll auch entscheiden, was man in sich hineinlässt und wo man seine Ohren besser auf Durchzug stellt. Unvoreingenommen wird man einem Menschen nicht mehr gegenübertreten, wenn man mit persönlichen Meinungen anderer vorbelastet ist. Wenn ich zu dir sage, dass du nicht in den Supermarkt ums Eck gehen sollst, weil dort alle Mitarbeiter unfreundlich und die Preise zu teuer sind, wirst du das Geschäft mit gemischten Gefühlen betreten oder sogar meiden. Du wirst meine Worte immer im Hinterkopf haben.

Eines Tages sagte ich zu meinem Freund, dass ich diese Geschichten nicht mehr hören wolle. Es störte mich auch, dass er jedes Mal, wenn ich etwas gegen die Frau sagte, richtig wütend wurde. Er wollte mich nicht hören, sondern einfach nur seinen Müll loswerden. Ja, es war nicht mehr als Gedankenmüll, den er sich über seine Frau zurechtgelegt hatte. Natürlich wusste ich, dass sie nicht so war, wie er sie sah. Trotzdem beeinflussen Worte uns, ob wir es möchten oder nicht. Wenn du ein Kind hast und es dir erzählt, wie schlecht es von seinem Partner behandelt wird, versteht es sich fast von selbst, dass du das Kind beschützen willst. Automatisch beginnen wir in einer solchen Situation, über den anderen schlecht zu sprechen, und werden wütend, weil wir ja für das Kind nur das Beste wollen. Sobald wir aber mit kritisieren und mit urteilen, sind wir im Fahrwasser gefangen. Und das ist genau das, was das Kind nicht hören will. Und es hilft auch niemandem, weder dem Kind noch dir. Es will einfach nur seinen Schmerz teilen, und diesen kommentarlos im Raum stehen zu lassen ist wahrlich eine Kunst. Lösungen will das Kind nicht hören, es will sich den Kummer von der Seele sprechen. Und dann ist es meistens auch wieder gut. Es ist so einfach. Wir sind zu schnell, wenn es ums Kommentieren geht. Die Wörter drängen aus uns heraus. Sie sind wie Geschosse. Oft wird uns erst später bewusst, was wir da gerade gesagt haben. Und eigentlich wollten wir das gar nicht. Aber rückgängig machen können wir es jetzt auch nicht mehr. Deswegen sollten wir gut überlegen, was wir sagen. Jedes Wort hat eine Ursache. Und jeder Ursache folgt eine Wirkung. Das wissen wir zwar, aber das Wissen allein hilft uns nicht weiter. Beginnen wir damit, keine Wortsamen mehr zu pflanzen, deren Ernte bitter ist. Sich dann über Leid zu beklagen ist schon etwas seltsam. Wir sollten vorher überlegen, was wir sagen, denken und tun.

> Überlege gut, was du sagst,
> denn jedes Wort hat eine Wirkung.

Es ist nachvollziehbar, dass wir Menschen helfen oder in Schutz nehmen wollen. Dabei sagen wir oft Dinge, die völlig überflüssig sind. Wir müssen genau hinsehen, wie weit Worte hilfreich sind und ab wann sie schaden. Außerdem

bringt es nichts, dem anderen unsere Vorstellungen aufzu-
drängen. Und wir können ihm ruhig etwas zutrauen. Wir
müssen nicht sagen »Der schafft das sowieso nicht ohne
Hilfe« oder »Der kommt aus diesem Problem nicht raus«.
Nein! Vertrauen wir darauf, dass andere Menschen ihr
Leben selbst meistern und durchaus in der Lage sind, für
sich die beste Lösung zu finden. Auch wenn es ein bisschen
dauert, schenken wir ihnen Zeit.

Wenn jemand sich über sein Leben beklagt, scheint es
für denjenigen nicht in Ordnung zu sein. Doch das Leben
ist immer in Ordnung, wenn wir keine Richtung vorge-
ben. Wenn ich erwarte, nur gut behandelt zu werden, und
mir vorstelle, wie andere sich mir gegenüber verhalten
müssen, ist ganz klar, dass ich ein Problem damit habe,
wenn es anders ist. Nehmen wir das Leben so, wie es ist.
Stellen wir uns den Herausforderungen, ganz gleich ob
wir sie mögen oder nicht. Es tut nichts zur Sache, ob wir
mit dem Leben einverstanden sind oder nicht, wichtig ist,
dass wir uns mit den Umständen arrangieren.

Wenn wir Freude und Leid annehmen und beide
gleichwertig behandeln, passiert etwas Einzigartiges. Wir
betreten einen heiligen Raum, der sich Mitte nennt. Es
ist ein neutraler Raum, aus dem wir alles gelassen betrachten können. Natürlich gibt es Situationen, die uns
nachdenken lassen, verletzen oder schmerzen, aber es
gibt trotzdem einen Weg, mit der Sache gut umzugehen.
Man kann sich wie ein Elefant im Porzellanladen verhalten oder elegant wie eine Gazelle sein – aufmerksam
und vorsichtig, aber trotzdem mutig, wachsam und voller Zuversicht.

> Wenn wir das Leben so nehmen, wie es ist, finden wir unsere Mitte und lernen, mit allem gelassen umzugehen.

Jeder Mensch trägt eine Größe in sich, die ihn leitet und lenkt. Natürlich müssen wir diese Kraft zuerst entdecken und ihr danach die Führung überlassen. Aber grundsätzlich gibt es keinen Menschen, der nicht die Fähigkeit hätte, seine wahre Identität zu entdecken. Wir alle haben unsere Schwächen. Sie sind nichts Schlechtes, sondern etwas, woraus wir lernen können. Wir können sie für uns nutzen und sie in Stärken umwandeln.

Wir kümmern uns ständig um die anderen, anstatt bei uns zu bleiben. Man sollte sich nicht über den Zustand vom Nachbarhaus beklagen, wenn einem bereits selbst der Putz auf den Kopf fällt.

Achtsamkeit in allen Belangen

*Niemand ist nutzlos in dieser Welt, der
einem anderen die Bürde leichter macht.*

Charles Dickens

Es klingt eigentlich ganz einfach: die Dinge nehmen, wie sie sind. Dass die Welt so, wie sie ist, in Ordnung ist, wäre vielleicht noch akzeptabel, wenn das Wörtchen »wenn« nicht wäre. Wo man hinschaut, herrscht Chaos pur. Das ist kein Wunder, denn das Ich ist das Chaos selbst.

Wie kann ich das Leben annehmen, wie es ist? Auch wenn ich weiß, dass alles seine Richtigkeit hat, trägt jeder Mensch Widerstände in sich. Das Ich rebelliert. Es traut dem Verstand und glaubt nur das, was es sieht. Dabei gibt es so viel mehr, das unserer Sicht verwehrt bleibt.

Doch das Ich will gewisse Dinge nicht akzeptieren, auch wenn sie vom Verstand her logisch erscheinen. Mit Logik hat dieses innere Wissen aber nicht wirklich etwas zu tun. Inneres Wissen und herkömmliches, verstandesmäßiges Wissen unterscheiden sich grundlegend. Das innere Wissen ist etwas, was der Kopf nicht greifen kann. Wenn ich mir innerlich gewiss bin, dass alles seine Ordnung hat, bedeutet das nicht, es auch annehmen zu können. Das sind zwei Instanzen, die sich gegenseitig bekriegen. Natürlich klingt das hart, aber es ist so. Was also können wir tun? Wie gelangen wir in dieses Gleichgewicht, um uns viel Kummer und Sorgen zu ersparen?

Einer der wichtigsten Punkte ist es, im Augenblick zu sein. Probleme gibt es in der Vergangenheit und in der Zukunft. Und Sorgen existieren ebenfalls in der Vergangenheit und in der Zukunft, im Augenblick haben sie keinen Raum zur Entfaltung. Auch die Gegenwart ist nicht der Augenblick. Gegenwart ist, wie wir den Augenblick erleben und nicht der Augenblick selbst. Der irdische Augenblick ist eine Momentaufnahme des Lebens. Es gibt diesen einen Augenblick, der von der Zeit unabhängig ist und ewig dauert. Dort gibt es keine Schwierigkeiten.

> Schwierigkeiten gibt es nur dort,
> wo der Augenblick interpretiert wird.

Um in diesem einen Augenblick zu sein, bedarf es großer Achtsamkeit. Achtsamkeit bedeutet, nicht ständig in Vergangenes und Zukünftiges abzutauchen, sondern voll und ganz hier zu sein. Auch das klingt einfach, ist es aber nicht. Warum? Weil wir seit jeher gewohnt sind, auf den

Verstand zu hören, und dieser unaufhörlich und rastlos mit uns spricht. Er quatscht uns voll und wenn wir ihm unsere ganze Aufmerksamkeit schenken, sind wir ja bei ihm. Mit ihm. Und durch eben diesen. Und aus ihm. Ihm verfallen. Also nicht im Augenblick, oder?

> Achtsamkeit bedeutet, voll und ganz hier zu sein.

Wir können nicht im Nachdenken und im Augenblick gleichzeitig sein, da sich die beiden gegenseitig ausschließen. Im Augenblick geht es darum, bei sich zu sein und bei sich zu bleiben. Achtsamkeit heißt aber nicht, dass wir nichts denken sollen, sondern dass wir den Gedanken keine Aufmerksamkeit schenken. Natürlich sind Gedanken da. Sie kommen und gehen, was vollkommen in Ordnung ist. Dass wir uns aber über sie definieren, sogar glauben, diese Gedanken zu sein, und dass wir nach ihren Anweisungen leben, ist mehr als fragwürdig.

Wir müssen herausfinden, was Gedanken sind, damit wir von ihnen Abstand nehmen können. Es geht nicht darum, gedankenlos zu sein oder gedankenlos zu werden. Stattdessen geht es darum zu erkennen, was die wahre Identität der Gedanken ist und was diese mit unserer Identität zu tun haben – und zwar mit unserer eigentlichen Identität und nicht mit unserer Persönlichkeit.

Über Achtsamkeit wurde bereits sehr viel geschrieben. Es gibt wundervolle Hilfestellungen, mit denen es uns gelingt, achtsam zu sein. Kürzlich traf ich einen Bekannten, mit dem ich mich über das Thema Achtsamkeit unterhielt, ein anregendes Gespräch, das etwas länger dauerte. Er fragte mich, ob ich ein bestimmtes Buch gelesen hätte, das ihm besonders gut gefallen hatte. Ich verneinte. Ich kannte das Buch vom Hörensagen, war aber noch nicht in den Genuss gekommen, es zu lesen. Er erzählte mir von ein paar Achtsamkeitsübungen. Davon hatte er die meisten schon gekannt und einige neue, die ihm bislang noch unbekannt waren, hatten ihm sehr zugesagt. Ich fragte ihn, ob er die, die er kannte, schon angewendet hatte. Er verneinte mit dem Argument, dass er sie ohnehin schon lange kennen würde. Für mich ergab das alles keinen Sinn.

Nach dieser Begegnung fragte ich mich, was es nützt, etwas zu wissen, davon begeistert zu sein und es nicht anzuwenden. Während der vielen Jahre meiner Praxistätigkeit habe ich das unzählige Male erlebt. Speziell wenn ich den Menschen etwas weitergab, antworteten sie oft wie aus der Pistole geschossen: »Das kenne ich schon« oder auch: »Das habe ich in Ihrem Buch bereits gelesen«. Wenn ich sie nach der Umsetzung fragte, schauten sie meisten beschämt zu Boden, und ich wusste, dass sie es nie angewendet hatten. Es ist eine Eigenart der Menschheit, dass sie all das, was sie gut findet, nicht für sich nutzt. Wenn wir an Gedichte von Goethe oder Rilke denken, die sehr viele Menschen kennen und außerordentlich gut finden, frage ich mich, was sie mit deren Inhalten anfangen. Es gibt so viele Menschen, die tiefgründige Texte mögen, sie lesen und in Begeisterung schwelgen. Sie tun ihnen sichtlich gut. Natürlich, sie erhellen das Gemüt und schaffen eine Oase der Ruhe, in der wir rasten, auftanken und uns erholen können. Doch vom Rasten allein ist noch niemand erwacht. Dass man sich diese Texte etwas genauer ansieht und durchleuchtet, ihre Tiefe ergründet und sich die Essenz für das eigene Leben herausfiltert, scheint nicht so häufig vorzukommen. Warum?

Ich denke, dass das Interesse vorhanden ist, aber der Mensch aus eigenem Antrieb heraus etwas lahm ist. Wenn ihm jemand sagen würde, dass er dies oder jenes machen sollte, und er darin einen Profit erkennen würde, bin ich überzeugt, dass er es tun würde. Es fehlt jedoch an der Eigeninitiative und daran, dass wir uns vom Alltag so viel Energie abziehen lassen, dass uns für die wirklich wichtigen Dinge kaum noch Energie übrig bleibt.

Wir wissen, dass alles, was wir tun, eine Wirkung hat. Natürlich ist das auch mit den Gedanken so. Alles, was wir erleben, ist ja nichts anders als eine Folge von Gedanken. Nach wie vor kritisieren wir andere und wenn über jemanden geurteilt wird, warten wir nicht lange ab, um auch unseren Senf dazuzugeben. Obwohl wir wissen, dass jeder Gedanke eine Wirkung haben wird und zynische und hässliche Gedanken bestimmt keine gute Wirkung hervorbringen werden, setzen wir diese Gewohnheit fort. Der eine sagt etwas und ein Wort ergibt das andere. Ganz schnell sind wir in diesem alten Fahrwasser gefangen und werden von beißenden Worten mitgerissen. Muss das sein?

Ich habe hier ein paar ernüchternde Fragen. Nimm sie nicht persönlich, beantworte sie einfach so ehrlich wie möglich. Es geht nicht darum, sich schlecht oder schuldig zu fühlen, sondern etwas aufzudecken. Es ist an der Zeit, aus Gewohnheiten auszusteigen und dieses unbedachte Verhalten hinter uns zu lassen. Dafür müssen wir sie erkennen und anerkennen. Wir fühlen uns ohnehin nicht gut, nachdem wir wieder über irgendetwas geschimpft oder an jemandem kein gutes Haar gelassen haben. Ist es nicht so?

Du hast dich sicher auch schon mal gefragt, ob das jetzt sein musste. Der Mund ist oft schneller, als es Kopf und Herz zusammen sind.

Wenn du auf einen oder mehrere Menschen triffst und über jemanden hergezogen wird, enthältst du dich der Stimme?
☐ Ja ☐ Nein ☐ Unterschiedlich ☐ Weiß nicht

Erinnere dich an ein kürzliches Gespräch, in dem du auf Kritik eingestiegen bist oder selbst beurteilt hast. Wie sah das aus? Was hast du über wen gesagt? Dir wird sicher irgendeine Situation einfallen. Davon gibt es ja fast bei allen Menschen genügend. Wenn dir nichts einfallen sollte, möchte ich dir gratulieren. Mach weiter so!

_____

_____

_____

_____

_____

Bist du heute noch derselben Meinung?
☐ Ja   ☐ Nein

Würdest du heute dasselbe noch einmal sagen?
☐ Ja   ☐ Nein

Was glaubst du, welche Gründe es hat, dass du diese Gewohnheit immer noch mit dir herumträgst?
☐ Darüber habe ich noch nicht nachgedacht.
☐ Ich mache das, weil es alle machen.
☐ Ich mache das, weil ich es immer schon so gemacht habe.
☐ Ich fühle mich unwohl, nichts zu sagen.
☐ Ich will höflich sein und deswegen rede ich mit.
☐ Keine Ahnung. Ich rede einfach mit.

Andere Gründe: _____

_____

_____

_____

_____

_____

Kommt es oft vor, dass du in Abwesenheit anderer über sie sprichst?
☐ Ja   ☐ Nein

Wie fühlst du dich, nachdem du dich über jemanden ausgelassen hast?

☐ Kurzfristig besser

☐ Schlecht

☐ Sehr schlecht

☐ Wie immer

☐ Weiß nicht

Ist dir bewusst, dass jeder einzelne deiner Gedanken wie ein Bumerang funktioniert und eines Tages wieder auf dich treffen wird?

☐ Ja ☐ Nein ☐ Weiß nicht

Veranlasst dich dieser Gedanke dazu, dein Verhalten zu überdenken und vielleicht auch zu verändern?

☐ Ja ☐ Nein

Anderes: _____

_____

_____

_____

_____

Weißt du, dass jeder Gedanke, jede Handlung, jedes Gefühl und jedes Wort an einem unsichtbaren Ort abgespeichert ist und nicht mehr rückgängig gemacht werden kann?

☐ Ja ☐ Nein ☐ Wusste ich nicht

Frage dich: Was kann ich zukünftig besser machen? Was kann ich ändern? Was werde ich tun, um hier Änderung zu erzielen?

_____

_____

_____

_____

_____

_____

_____

_____

_____

Meine Mutter erzählte mir einst, dass sich bei einem Treffen mit Freundinnen Folgendes zugetragen hatte: Eine aus der Runde war nicht gekommen und so ergab es sich, dass sich eine Person über die Abwesende ziemlich ausließ. Alle stiegen auf die Verurteilungen ein, nur meine Mutter nicht. Sie sagte, dass es ziemlich respektlos wäre, in ihrer Abwesenheit so über sie zu sprechen. Sie sollten dieses Gespräch auf das nächste Mal verschieben, wenn sie auch anwesend wäre, weil es nicht fair sei, solche Dinge zu sagen, wenn sich die betroffene Person nicht verteidigen kann.

Diese Worte sind mir in Erinnerung geblieben. Ich fand es großartig von meiner Mutter, dass sie so reagiert hatte. Sie wurde zwar mit großen Augen angesehen und stieß nicht gerade auf Wohlwollen, aber das war ihr egal. Sie erklärte mir, dass ihr das nicht guttun würde, weder das Zuhören, geschweige denn einen eigenen Kommentar hinzuzufügen.

Wie schon gesagt rutschen uns oft Wörter einfach heraus und gehen uns zu schnell über die Lippen. Manchmal kann es sein, dass du in dir noch einen Impuls verspürst wie »Behalte das für dich« oder »Sag oder tue das jetzt nicht« und ihn übergehst. Ein kurzes Innehalten ist immer hilfreich. Wir planen ja nicht, etwas Ungutes zu sagen oder bösartig zu sein. Es geschieht. Dennoch gibt es eine Lücke, die es uns erlaubt, uns anders zu verhalten als bisher. Kein Mensch hat diese eigenartigen und hartherzigen Verhaltensweisen seit Geburt an. Wir haben sie uns mit der Zeit angewöhnt. Somit sind sie etwas, was nicht wirklich zu uns gehört, etwas, das wir uns wieder abgewöhnen können. Wir können es gemeinsam schaffen, uns von Eigenheiten zu verabschieden, mit denen wir uns nur selbst schaden und die auch anderen nicht guttun. Dazu braucht es eben Achtsamkeit, und zwar in jedem Augenblick.

> Mithilfe von Achtsamkeit können wir uns von Eigenheiten lösen, die uns selbst und anderen schaden.

Können Wachsamkeit und Geistesgegenwart erlangt werden?

Wenn man seine Ruhe nicht in sich findet,
ist es zwecklos, sie andernorts zu suchen.

François de La Rochefoucauld

Stundenlanges Meditieren wirkt sicher entspannend. Doch was ist, wenn die Meditation endet? Ich wage zu bezweifeln, dass wir bei echten Schwierigkeiten nicht ebenso in ein Loch fallen und uns Unannehmlichkeiten aus der Bahn werfen. Es ist durchaus normal, dass wir emotional reagieren, dass das Ich dies tut. Aber dies gilt nur für das Ich. Wer sich nicht mehr über das Ich definiert, kann Abstand bewahren, auch wenn er als Ich noch reagiert. Es berührt ihn emotional nicht mehr. Das bedeutet, dass er gelassen bleibt und der Situation mit absoluter Akzeptanz begegnet. Das hat nichts mit Gefühlskälte zu tun, sondern mit einem wachen Geist. Klingt das nicht wundervoll? Irgendwie möchten wir das doch alle, oder nicht?

Mit ein paar Richtlinien und Verhaltensweisen können wir unserer Ungeduld, unserer Verletzlichkeit, unserem Angespanntsein, unserer Wut und Aggression, unserer Hilflosigkeit und unserem Gestresstsein Paroli bieten. Es ist nicht das Ich, das Paroli bietet, sondern etwas viel Größeres. Es ist sozusagen ein natürlicher Zustand, in den wir zurückkehren oder auch hineinfallen können. Um Abstand von unserem kleinen Ich zu nehmen, beginnen wir am besten auch mit kleinen Schritten. Wir wollen es ja nicht erschrecken oder verjagen, sondern in etwas Tieferes vordringen.

> Wenn wir uns nicht mehr über das Ich definieren, können wir gelassen bleiben und jeder Situation mit absoluter Akzeptanz begegnen.

Innehalten, innehalten und nochmals innehalten
Innehalten, bevor wir antworten
Innehalten, bevor wir etwas sagen
Innehalten, bevor wir etwas tun
Innehalten, wenn Gedanken hochkommen
Innehalten, wenn Gefühle auftauchen
Innehalten während des Innehaltens

Achtsamkeit bedeutet auch, den Augenblick zu belassen, wie er ist, und keine Unruhe zu erzeugen. Wenn uns etwas beunruhigt, läuft automatisch das System heiß. Der Verstand läuft auf Hochtouren. Er sucht nach einer Lösung und fragt nach dem Warum. Lies folgende Fragen aufmerksam durch und lasse sie auf dich wirken.

Vertraust du dem Leben nicht?
- Ich frage dich: Warum willst du eine Lösung finden? Vertraust du dem Leben nicht?
- Warum willst du wissen, warum es so ist, wie es ist? Glaubst du allen Ernstes, dass der Verstand in der Lage ist, dies herauszufinden?
- Warum willst du die Krankheit loswerden? Willst du auch einen Gewinn loswerden? Warum behandelst du die Dinge nicht alle gleich? Warum darf nicht alles hier sein, was in dein Leben tritt? Vertraust du dem Leben nicht?

Du musst die Fragen nicht direkt beantworten. Halte fest, was sie in dir auslösen, welche Fragen sie aufwerfen oder welchen Eindruck sie hinterlassen. Es könnte durchaus sein, dass hier wunde Punkte aufgedeckt werden.

Wenn du möchtest, schließe kurz die Augen, bevor du deine Empfindungen und Einsichten niederschreibst:

_____

_____

_____

Akzeptanz als Lösung

Wenn du verinnerlicht hast, dass der Verstand keine Lösung finden kann, kann das Spiel der Lösungssuche enden. Akzeptanz ist das Zauberwort. Achtsamkeit bringt uns in den Augenblick. Der Augenblick ermöglicht es uns, das Leben in all seinen Facetten übergangslos auszukosten. In dieser Ruhe ist es möglich, alle Umstände vollständig zu akzeptieren. Ganz gleich, ob unser kleines Ich sie mag oder nicht mag, die Umstände und alle Menschen dürfen sein, wie sie sind.

Alles zeigt sich von seiner besten Seite. Wenn wir anderer Meinung sind, haben wir die Aufmerksamkeit auf die andere Seite gelegt.

Was fällt dir zu diesen Worten spontan ein? Was würdest du hier schreiben bzw. ergänzen, wenn du der Autor wärest?

_____

_____

_____

_____

_____

_____

_____

Der Augenblick ist nicht aus sich heraus schön. Er ist immer so, wie du ihm begegnest und wie du ihn sehen kannst.

Was fällt dir zu diesen Worten spontan ein? Was würdest du hier schreiben bzw. ergänzen, wenn du der Autor wärest?

_____

_____

_____

_____

_____

_____

_____

Atmung als Achtsamkeitslehrer

Den meisten Menschen gelingt es am besten, ihre Achtsamkeit zu stärken, indem sie ihre Aufmerksamkeit auf den Atem lenken. Der Atem hat nicht nur etwas Beruhigendes, er ist in der Tat die Brücke zum Göttlichen. Wenn wir uns die Frage stellen, was uns atmet, können wir unseren Körper als Antwort sicher nicht akzeptieren. Wir atmen durch die Lungen, doch was hält die Lungen am Leben?

Die Aufmerksamkeit auf den Atem zu lenken ergibt deswegen durchaus Sinn. Die Atmung geschieht durch Gott und aus ihm entsteht Leben. Wenn wir Geld benötigen, sollten wir uns an die Bank halten. Von ihr kommt das Geld, das auf unserem Konto als Plus gutgeschrieben ist. Wenn wir anderen Menschen auf der Straße hinterherlaufen, werden diese uns von sich aus wohl eher kein Geld aushändigen. Also wenden wir uns auch hier an die Quelle.

Wenn die Atmung direkt aus unserem eigentlichen Sein hervorströmt, kann Atmen nur beruhigend sein. Das versteht sich von selbst. Hier braucht es keine spezielle Übung, sondern nur den Impuls, die Aufmerksamkeit auf diesen Lebensstrom zu lenken. Schon wird es stiller und ruhiger in uns. Es klingt so einfach, doch wer dies zum ersten Mal tut, wird sehen, wie hartnäckig der Gedankenstrom ist. Wenn wir das mehrmals am Tag praktizieren, tun wir uns selbst etwas Gutes, was sich auch auf unser Umfeld auswirken wird. Also denke öfter einmal daran, dass es zu Beginn und am Ende der Atmung etwas zu entdecken gilt.

> Übe täglich, deine Aufmerksamkeit auf deinen
> Atem zu lenken, um Stille und Ruhe zu erfahren.

Schaut Er wirklich zu?

Ich kann mich nicht mehr so genau erinnern, wann ich das erste Mal mit dieser Geschichte konfrontiert wurde. Ich glaube, dass in einem Buch von Pater Pio so etwas in der Art stand. Es ist auf alle Fälle über 30 Jahre her. Die Übung besagt, dass man sich den ganzen Tag über vorstellt, von Gott beobachtet zu werden. Es gibt nichts Geheimes, nichts zu verstecken, und vor allem bewegt es einen dazu, alles sehr bewusst zu tun. Wenn dir Gott zusieht, hörst du auf zu drängeln. Wenn dir Gott zusieht, machst du einiges ganz anders. Wenn dir Gott zusieht, machst du vieles überhaupt gar nicht. Das ist ein Fakt. Ich meine keinen richtenden Gott, der zur Kirche gehört, sondern einen Gott, aus dem das ganze Leben hervorströmt, einen Gott, der allem innewohnt. Wenn diese Kraft überall gegenwärtig ist, ist es vielleicht gar keine Übung. Ich glaube, dass es wirklich so ist und es eine höhere Instanz gibt, die immer gegenwärtig ist. Wenn wir uns das bewusst machen, wird sich an unserem Verhalten automatisch etwas ändern. Wir sind zu sehr im Alltag verstrickt, dass wir überhaupt nicht daran denken. Und wir ziehen gar nicht erst in Erwägung, dass es eine beobachtende, unsichtbare Kraft geben könnte. Nicht nur weil wir mit zig anderen Dingen beschäftigt sind, grenzen wir das aus oder ignorieren das, was nicht ins Beuteschema des Verstandes passt. Achtsamkeit stellt sich nach und nach von selbst ein, wenn wir das Höchste miteinbeziehen. Wir werden stiller, verantwortungsbewusster und vor allem respektvoller dem Leben mit all seinen Lebewesen gegenüber.

> Wenn du dir bewusst machst, dass eine höhere
> Kraft all dein Tun beobachtet, wirst du mehr
> Achtsamkeit dem Leben gegenüber entwickeln.

Lass diese wunderschöne Idee in deinen Kopf und dein Herz hinein und gib ihr Raum, damit sie sich entfalten kann. Wenn du diese eine Kraft gezielt in dein Leben integrierst und ihr Aufmerksamkeit schenkst, wird auch sie dir mehr Aufmerksamkeit schenken. Was das bedeutet? Du wirst dich besser und behüteter fühlen und Dinge erleben, die andere als kleines Wunder bezeichnen. Öffne dich, damit es in dein Leben kommen kann.

Es ist ein ungeschriebenes Gesetz, dass es Wechselwirkungen gibt. Wenn du dich für etwas öffnest, öffnet es sich gleichermaßen für dich. Lass nicht nur banale Tätigkeiten und oberflächliche Beschäftigungen dein Leben bestimmen, auch wenn dich ein Zeitvertreib vorübergehend fröhlich stimmt. Vergnügen sind nicht von Dauer, und dauerhaft glücklich macht dich etwas anderes. Mit dieser kleinen Übung kannst du es herausfinden.

Es liegt an dir, es anzuwenden oder nur schön zu finden. Du hast die Wahl!

Sei dir eines Beobachters gewahr. Wie ist deine Erfahrung mit dieser Aufgabe:

_____

_____

_____

_____

_____

_____

Sich miteinbeziehen

Wir erleben die Welt als etwas von uns Getrenntes. Wir sind hier und irgendwo da draußen oder dort drüben ist der Rest. Diese Sichtweise ist sehr begrenzt und bringt uns in eine missliche Lage, derer wir uns nicht bewusst sind. Wenn wir uns in einem Raum befinden, sehen wir zum Beispiel gegenüber von uns ein Regal mit Büchern, auf der rechten Seite ein Fenster, auf der linken Seite ein Bild und eine Lampe und neben uns liegt die Katze. Vielleicht befinden sich auch noch mehrere Menschen mit uns im Raum, auf alle Fälle wird alles als »das andere« empfunden. Obwohl wir alle im selben Raum sind, scheint sich all das, was sich darin befindet, von uns als Person zu unterscheiden. Da wir das Leben aus der Ich-Perspektive erleben, sind wir immer der Ausgangspunkt. Und wer sich selbst als Ausgangspunkt empfindet,

empfindet auch Leid. Das Ich stolpert von einer Höhe in die nächste Tiefe, um sich immer und immer wieder emporzuziehen. Der Versuch, die Waagschale zu halten, scheitert. Gipfel sind nur von kurzer Dauer, ein Wechselbad der Gefühle begleitet uns.

Natürlich streben wir alle nach Wohlbefinden. Doch wie wir alle schon bemerkt haben, verzieht es sich genauso schnell, wie es plötzlich über uns gekommen ist. Ob es einen Grund für eine bestimmte Emotion gibt oder nicht, das Wechselbad der Gefühle ist anstrengend. Niemand mag Anstrengung. Jeder ist seinen Emotionen ausgeliefert. Jeder geht anders damit um, aber Gefühle lassen sich weder erzwingen noch verscheuchen. Wenn die Perspektive über Wohlbefinden entscheidet, sollten wir unsere Perspektive erst einmal überdenken und anschließend erweitern oder ändern. Ein Perspektivenwechsel wird in jeder Hinsicht eine Bereicherung für dich und für dein Umfeld sein.

Achtsamkeitslektion

Versuche dich selbst in den Raum miteinzubeziehen, indem du nicht wie gewohnt nur auf das andere schaust (deine Sinne auf das Sichtbare lenkst), sondern auch dich als Körper gezielt und bewusst wahrnimmst. Da du dich ja als Mittelpunkt verstehst, übergehst du dich als Teil des Erlebten. Du weißt zwar, dass du einen Körper hast, aber dieser wird irgendwie ausgeblendet. Du setzt voraus: Ich bin da und alles dreht sich um mich. Deine Hände, deine Füße, deine Nase und deine Haare nimmst du nicht bewusst wahr, wenn du zum Beispiel mit jemandem eine Unterhaltung pflegst. Versuche all das, was deine Sinne von deinem Körper wahrnehmen können (also alles, was du sehen kannst, ohne gezielt deinen Blick darauf zu richten), bewusst wahrzunehmen. Man könnte es auch als Blickwinkel bezeichnen. In deinem Blickwinkel ist ab sofort alles, was sichtbar ist. Der direkte Blick bevorzugt eine Sache und schließt alles andere aus. Das ist ein großer Unterschied und wirkt sich auf unser Empfinden und unser Erleben aus. Wenn du immer nur die anderen oder das andere siehst, erlebst du die Situation ganz anders, als wenn du dich ebenfalls siehst und somit miteinbeziehst. Was macht das für einen Unterschied?

Wenn du nur anderes um dich herum empfindest, bleibt diese hartnäckige Ich-Perspektive aufrechterhalten. Wenn du deine Hände gleichzeitig mit anderen Händen, Büchern, Möbeln etc. siehst, entwickelst du mit der Zeit das Gefühl, dass es keinen Unterschied zwischen deiner körperlichen Anwesenheit und der Anwesenheit anderer Menschen und Gegenstände gibt. Mit dieser Übung, die eigentlich eine Haltung ist, kannst du dich von deiner verhärteten Identität als Persönlichkeit distanzieren. Es ist eine veränderte Form der Wahrnehmung.

Wenn wir jemandem begegnen, schließen wir die Wahrnehmung unserer eigenen Person nur deswegen aus, weil wir die Ich-Perspektive voraussetzen und wir davon überzeugt sind, dass der andere getrennt von uns existiert. Wir haben wortwörtlich einen »Standpunkt« und keine Weite. Wenn wir achtsam sind und wirklich im Augenblick leben, beziehen wir unseren Körper immer mit ein. Es ist alles präsent, was sichtbar ist, und dazu gehört natürlich auch unser Körper. Um sich dessen bewusst zu sein und sich zu sehen, muss man nicht in den Spiegel schauen.

Ich kann mit meiner Wahrnehmung alle Gliedmaßen gezielt erfassen und weit darüber hinaus noch viel mehr. Jetzt, wo du dieses Buch liest, siehst du auch deine Hände? Nein? Dann achte gezielt darauf, was dich noch umgibt, während du liest, ohne deinen Blick vom Buch abzuwenden. Da für uns der Vorgang des Lesens vordergründig ist, blenden wir die Hände aus. Sie sind zwar da, aber wir sehen sie nicht wirklich. Es geht also immer darum, worauf wir unseren Fokus richten. Dieser sollte auf allem gleichzeitig ruhen. Wenn der weite Blick alles gleichzeitig erfasst, kann er über das Gesehene hinausgelangen und sich dessen bewusst werden, was den Atem lenkt.

Schaue dich gezielt in deinem Zimmer um und lasse deinen Körper ein Teil des Raumes werden. Zu Beginn ist es vielleicht einfacher, wenn du den Fokus auf eine Sache richtest, wenn du zum Beispiel auf ein Bild schaust, das an der Wand hängt. Nimm dann auch alles andere wahr, was du siehst, ohne es bewusst anzusehen. Dein Blick bleibt beim Bild und schweift nicht ab. Trotzdem siehst du alles, was im Raum ist.

Tipp: Weite zuerst deinen Blick auf alle Dinge aus, die sich im Raum befinden, und wenn du all das wahrgenommen hast, nimm auch das wahr, was du von deinem Körper siehst.

Meine Erfahrungen dazu: _____

_____

_____

_____

_____

_____

_____

_____

_____

Nimm diese Haltung ein, wann immer du willst. Sie wird dein Bewusstsein weiten. Und wenn du mit jemandem streitest, den Fokus von ihm abziehst und dich selbst miteinbeziehst, kann dich nichts mehr verletzen, weil du nichts mehr persönlich nimmst. Du fühlst dich nicht betroffen und die Worte des anderen gehen sozusagen ins Leere. Du bist aus der Ich-Perspektive aus- und eingetreten in ein großes Ganzes, woraus die Vielfalt sichtbar wird.

> Wenn du achtsam bist, wirklich im Augenblick lebst und die Ich-Perspektive verlässt, erlebst du das große Ganze.

In diesem Moment erlebst du vielleicht zum ersten Mal, dass die Welt anders ist, als du sie bisher wahrgenommen hast. Sie ist in Ordnung. Wenn dein Fokus in den Blickwinkel-Modus ändert, gibt es nichts, was dich stört oder belastet. Warum? Weil du aus dem Ich-Raum der Störungen und Belastungen ausgestiegen bist. Indem du bewusst alle Einzelheiten wahrgenommen hast, haben sie sich zu einem Ganzen vereint. Im Ganzen ist alles in Ordnung, in der Vielfalt nicht – zumindest aus der Ich-Perspektive.

Wie erlebe ich den Wechsel aus der Ich-Perspektive, dem Fokus-Richten, in die Ichlosigkeit, die sich des Blickwinkels bedient?

_____

_____

_____

_____

_____

_____

_____

_____

_____

_____

Das Kreuz mit der Schuld

Mensch: das einzige Lebewesen, das erröten kann. Es ist aber auch das einzige, was Grund dazu hat.

Mark Twain

Das Gefühl von Schuld ist im Glauben verankert. Religionen haben Regeln aufgestellt, damit der Mensch zum Sünder werden kann. Und ein Sünder fühlt sich bekanntlich schlecht und kann bestraft werden. Er hat gegen etwas verstoßen. Mit diesen eigenartigen Regeln kann man Menschen kontrollieren, man kann sie manipulieren und beeinflussen, was ganz bestimmt seine Gründe hat. Ich habe in meinen Büchern schon öfter dieses Beispiel beschrieben, in dem sich Papst Vigilius und Kaiser Justinian zusammenschlossen, um das dreidimensionale Denken auf das zweidimensionale zu reduzieren. Dies bedeutete, dass der Mensch für oder gegen etwas sein musste und sich nicht der Stimme enthalten konnte.

So konnte man die Menschen sühnen, die nicht in den Krieg ziehen wollten. Man musste dafür sein, denn wenn man dagegen war, wurde man bestraft. Der neutrale Bereich wurde völlig abgeschafft, was so viel bedeutete, dass man zu Entscheidungen gezwungen wurde.

Es gibt unzählige Beispiele wie dieses in der Geschichte, die zeigen, wie die Menschheit nach und nach gefügiger gemacht werden sollte. Wenn wir auf die Entstehung der Ehe zurückschauen, war diese früher eher ein haarsträubender Akt als ein liebender. Im frühen Mittelalter übergab der Brautvater die Braut dem Bräutigam. Nach der kirchlichen Zeremonie ging die Vormundschaft des Vaters in die des Ehemannes über. Es hat den Anschein, dass man damals der Meinung war, dass eine Frau nicht für sich sorgen konnte.

All diese Geschichten sind zwar längst Vergangenheit, prägen aber nach wie vor die Gesellschaft. So ist es gang und gäbe, dass wir alle ständig überzeugt davon sind, etwas falsch gemacht zu haben. Dieser Zwang und Druck, der einer ganzen Ära auferlegt wurde, ist nicht zu unterschätzen. Du kennst es sicher auch, dass du dich schlecht fühlst, wenn etwas nicht funktioniert hat. Ein anderes Mal denkst du dir, dass du es anders hättest machen können. Du bist immer damit beschäftigt abzuwägen, was richtig und was falsch ist und wie du handeln und nicht handeln solltest. Es gibt einen wunderbaren Spruch von Konfuzius: »Wer sich seiner Fehler schämt, macht sie zum Verbrechen.« Ein wunderbarer Satz, den wir in unserem Leben berücksichtigen sollten. Wir sind nicht perfekt und natürlich machen wir Fehler. Fehler spielen überhaupt gar keine Rolle, wenn wir sie erkennen und nicht zu Wiederholungstätern werden. Wir können es ja das nächste Mal besser machen. Wenn du einmal eine streunende Katze streicheln wolltest und dabei gebissen wurdest, wirst du das bestimmt kein zweites Mal tun. Handlungen mit unangenehmen Folgen ergeben durchaus Sinn. Wir denken uns natürlich, dass wir uns das hätten sparen können. Nein, hätten wir nicht, sonst wäre es ja nicht passiert. Was glaubt der Mensch eigentlich, wer er ist? Er glaubt allen Ernstes, dass er sein Leben nach Belieben gestalten kann. Natürlich können wir Einfluss darauf nehmen und das tun wir auch. Aber das, was wir unter dem freien Willen verstehen, ist nichts als eine fixe Idee, von der wir ablassen sollten.

> Menschen sind nicht perfekt und Menschen machen Fehler. Das ist weder schlimm noch falsch.

Hätte, täte, was wäre, wenn, aber, das sind Worte, die wir alle kennen. Wer achtsamer ist, kann sich diese Worte sparen. Abgesehen davon, dass es immer gut ist, wie es läuft, bringt uns ein schlechtes Gewissen gar nichts. Etwas bringt es uns aber doch, wenn ich recht überlege, und das ist ein schlechtes Gefühl. So bescheren wir uns ständig selbst schlechte Gefühle, weil wir an dem Irrglauben festhalten, dass wir etwas hätten anders machen können. So fühlen wir uns schuldig oder schieben die Schuld auf jemand anderen, von dem wir glauben, dass er etwas falsch gemacht hat. Es gibt überhaupt niemanden, der irgendetwas falsch macht. Es gibt nur Menschen, die glauben und sagen, dass sie oder andere etwas falsch gemacht haben. Jede Handlung hat eine Ursache. Die Handlung ist eine Wirkung, der eine Ursache folgt, und weder Ursache noch Wirkung können beeinflusst werden – und ganz bestimmt nicht willentlich.

Der Wille ist etwas Wunderbares, da er uns durchs Leben trägt. Und trotzdem ist er dafür verantwortlich, wenn wir leiden, da Absichten stets mit Vorstellungen verknüpft sind. Wer Vorstellungen hat, muss damit rechnen, dass sich diese nicht erfüllen. Und wenn sie sich nicht erfüllen, ist nichts schiefgelaufen, sondern einfach etwas anders gelaufen. Sind wir nicht flexibel, fühlen wir uns nicht gut, wir werden ständig enttäuscht und verärgert sein.

Warum der Mensch annimmt, dass das Leben seinen Vorstellungen entsprechen muss, weiß man nicht. Auf alle Fälle ist es sinnlos, an dieser Vorstellung festzuhalten. Wenn wir zum Beispiel ein Vorstellungsgespräch haben und wir den Job nicht bekommen, sagen wir, dass es schlecht gelaufen ist. Wir wollten diesen Job und deswegen passt uns das Ergebnis nicht. Beim Vorstellungsgespräch ist überhaupt gar nichts schiefgelaufen. Was passiert ist, ist, dass wir den Job nicht bekommen haben. Das ist alles. Das ist weder gut noch schlecht, es ist einfach so. Wir sind auch nicht schuld daran, dass wir den Job nicht bekommen haben, und wir hätten uns nicht anders verhalten können. Vielleicht ziehen wir einmal in Erwägung, dass das Ergebnis absolut perfekt ist. Es ist ganz gleich, ob ein anderer Job besser für uns passt oder wir an dieser Arbeitsstelle ohnehin nicht glücklich geworden wären – Fakt ist, dass es ist, wie es ist.

Dem Verstand reicht das nicht aus, er will Nachforschungen anstellen. Er will wissen, warum es nicht funktioniert hat. Er ist nicht in der Lage, die Situation zu akzeptieren. Darüber nachzudenken, welche Gründe die Nichteinstellung haben könnte, bringt gar nichts. Vertrauen ist einer der Punkte, den ich bereits angesprochen habe. Wenn wir Vertrauen ins Leben hätten, würden wir im Augenblick leben und Vergangenes sein lassen. Dies ist alles andere als einfach, weil die Widerstände des Ichs unglaublich stark sind. Das Ich sucht ständig nach Antworten, Lösungen und Wegen. Es will sich besser fühlen. Es will etwas erreichen. Auch will es sich nicht unterordnen, es will nicht mit dem Leben fließen, es will sich nicht hingeben, es will nicht vertrauensvoll und liebevoll sein, sondern an erster Stelle stehen, regieren und überleben. Und Überleben bedeutet für das Ego, Oberhand zu behalten und alles vehement von sich zu weisen, was den Frieden nur ansatzmäßig stören könnte.

> Wenn du Vertrauen in das Leben hast, kannst du akzeptieren, dass die Dinge einfach so sind, wie sie sind, dass das Leben so, wie es ist, richtig ist.

Ich weiß nicht, wie viele Tausende Male sich jeder Mensch in seinem Leben schon schuldig gefühlt hat. Diese unnatürliche, emotionale Belastung hat den Menschen verunsichert und krank gemacht. Er ist in eine Starre verfallen, da es anstrengend ist, Haltung zu bewahren, wo Aufrichtigkeit fehlt. Aufrichtigkeit ist etwas Natürliches, was von selbst geschieht. Schuld hingegen ist unnatürlich und strengt Geist und Körper an.

Nimm das Leben, wie es ist.

Nimm das Leben, wie es ist. Wenn wir diesem Satz folgen, wo hat Schuld noch Platz? Nirgendwo! Wenn das Leben so, wie es ist, richtig ist, wozu müssen wir uns schuldig fühlen oder jemanden schuldig sprechen?

Ist es nicht so? Oder bist du anderer Meinung?

_____

_____

_____

_____

_____

_____

_____

Erinnere dich daran, wann du dich selbst das letzte Mal schuldig gesprochen hast. Warum geschah das und was glaubtest du, hättest du anders machen können?

_____

_____

_____

_____

_____

_____

_____

Wie fühlt es sich an oder was löst es in dir aus, wenn ich dir sage, dass es absolut richtig war, wie es war?
Welche Emotionen oder Widerstände spürst du, wenn es darum geht, die Situation als solche zu akzeptieren?

_____

_____

_____

_____

_____

_____

_____

Denk an einige Situationen, in denen du ein schlechtes Gewissen hattest oder dich schuldig gefühlt hast. Segne jetzt jede einzelne dieser Situationen als Lauf der Dinge ab.

Wie fühlt sich das an? Ist es möglich? Sträubt sich etwas in dir dagegen?

> Es gibt keinen Schuldigen, sondern nur schuldig Sprechende.

Ich finde diesen Satz befreiend. Wenn ich nichts falsch machen kann, kann ich aber auch nichts richtig machen. Das bedeutet, dass ich mir auch nicht etwas einbilden muss und mein Können nichts Besonderes ist. Alles, was geschieht, geschieht durch mich. Es geht darum, verantwortungsvoll zu sein und immer sein Bestes zu geben. Und wenn es den freien Willen nur begrenzt gibt und niemals so, wie wir ihn uns vorstellen, können wir ganz anders an die Sache herangehen. Dies bedeutet nicht, dass uns alles egal sein soll, da wir sowieso nichts tun können. Nein! Wir sollten mit bestem Gewissen und mit voller Verantwortung immer unser Bestes geben, von Augenblick zu Augenblick präsent sein und das Leben mit unserer Anwesenheit erfüllen. Wir müssen uns weder um einen Willen kümmern noch um einen Verlauf, einen

Ausgang oder ein Ziel. Wir geben unser Bestes und sind so, wie wir sind. Das ist völlig ausreichend und mehr als genug.

Wie fühlt es sich für dich an, von jeglicher Schuld freigesprochen zu werden?

_____

_____

_____

_____

_____

_____

Wann hast du das letzte Mal jemanden verurteilt? Erinnerst du dich daran?
☐ Ja   ☐ Nein   ☐ Weiß nicht

Wie fühlt es sich für dich an, wenn alle von dir Beschuldigten ab sofort freigesprochen sind?

_____

_____

_____

_____

_____

Kannst du akzeptieren, dass alles in Ordnung ist, wie es ist?

☐ Ja ☐ Nein ☐ Weiß nicht

Der kleine Unterschied

Du bist gut, wie du bist. Alles ist in Ordnung. Dennoch gibt es Dinge, die wir wissen sollten. Das Leben zu nehmen, wie es ist, bedeutet nicht, nachlässig zu sein. Sei ein Sprudel des Lebensquells, der jedem Augenblick voller Neugier und Freude entgegensieht, anstatt den ganzen Tag den Gedanken nachzuhängen. Lass dich überraschen. Das Leben meint es gut mit dir!

Denke daran: Gedanken verfolgen dich nicht, du verfolgst sie. Bist du dir dessen bewusst? Gedanken kommen und gehen. Zwingt dich jemand dazu, sie festzuhalten, wenn sie plötzlich auftauchen?

Du bist gut, so wie du bist.

Beruf oder Berufung?

Suche nicht nach einer Arbeit, um Geld zu verdienen, sondern verdiene Geld mit dem, was du kannst. Ich habe in meinem Leben viele Menschen kennengelernt, die mit Internet-Marketing Geld verdienen wollten. Es mag sein, dass einige von ihnen erfolgreich sind, aber ihre Beschäftigung dient als Mittel zum Zweck und ist nicht ihre Erfüllung. Ich habe beobachtet, dass Menschen im Internet nach Verdienstmöglichkeiten gesucht haben, anstatt aus ihren Fähigkeiten etwas zu machen. Viele von uns haben Fähigkeiten, die wir nicht weiterentwickeln, weil wir uns für Berufe entschieden haben, bei denen der Verdienst im Vordergrund steht. Natürlich spielt das Einkommen eine Rolle, wir leben schließlich von unserer Arbeit. Wenn wir uns aber nicht ausschließlich um den Verdienst kümmern, sondern um die Arbeitsleistung und sich zudem die notwendige Freude dazugesellt, wird sich ein angemessenes Gehalt ganz von selbst ergeben. Das Problem liegt jedoch darin, dass uns der Verstand etwas anderes weismachen will. Akribisch sucht er nach Möglichkeiten, um reich zu werden. Er will in kürzester Zeit so viel wie möglich einnehmen. Dieses Denken ist diffus. Für jeden Einzelnen ist ein Beruf vorherbestimmt. Wenn wir alle nur des Geldes wegen ähnliche Berufe auswählen, arbeiten wir zum Schluss alle in derselben Branche.

Mir sind im Laufe der Zeit viele Menschen begegnet, die sich im spirituellen Bereich verwirklichen wollten. Jeder steckte bis zum Hals in Schwierigkeiten und war davon überzeugt, anderen Menschen helfen zu können.

Doch wie bitte kann ich anderen Menschen helfen, wenn ich mein eigenes Leben nicht auf die Reihe bringe?

> Jeder von uns hat eine Fähigkeit, die er gut kann und die ihm Freude bringt – und aus dieser ergibt sich der ideale Beruf.

Wir wissen zwar, dass vieles schiefläuft, sind uns aber dessen Tragweite nicht bewusst. Eine Frau sagte einmal zu mir, dass sie sich viel Geld wünsche. Daraufhin fragte ich sie, was sie mit dem Geld machen würde. Sie sagte, dass sie damit nur Gutes vollbringen wolle. Sie würde gerne Menschen unterstützen, die es im Leben schwer haben. Sie sprach von Einrichtungen und Heimen, die sie gerne führen wollte. Auch wenn sie es gut gemeint hat, brüstet sich das Ego mit solchen Gedanken. Es will etwas Gutes tun. Es will gut dastehen. Wohltätigkeit dient sozusagen als Aufwertung für den Selbstwert, auch wenn es eine reine Absicht ist, anderen Menschen helfen zu wollen. Wenn ich anderen Menschen helfen will, gehe ich davon aus, dass ich weiß, was für sie gut ist. Ich kann aber nicht das Leben von anderen zum Positiven verändern, das müssen sie schon selbst tun. Wenn jeder Mensch, der sich für Spiritualität öffnet, damit Geld verdienen würde, wer entsorgt dann den Müll, wer bringt uns die Brötchen, wer wickelt unsere Bankgeschäfte ab und wer unterrichtet unsere Kinder? Spiritualität ist nichts Besonderes, das ich tun kann. Spirituell ist es zu durchschauen, dass Müllmann, Verkäuferin, Bankangestellte und Lehrer wichtige Berufe sind und dass man in genau diesen Berufen, wie in allen anderen auch, seine Spiritualität entwickelt.

> Spiritualität bedeutet, das Leben, das dir von Gott geschenkt wurde, verantwortungsvoll und respektvoll zu leben und dich deinen Herausforderungen zu stellen, mit Hingabe und Freude.

Bitte notiere, welche Tätigkeiten dir besonders Freude bereiten.

Sehr gerne beschäftige ich mich mit folgenden Tätigkeiten oder Dingen:

1. _____

2. _____

3. _____

4. _____

5. _____

Am besten kann ich Folgendes:

1. _____

2. _____

3. _____

4. _____

5. _____

Wenn du jetzt etwas machst, was dich gar nicht erfüllt, spielt das keine Rolle. Es ist ohnehin nur eine Zwischenstation. Wenn alles im Leben seine Ordnung hat, wie kann das, was du jetzt machst, falsch sein? Inwieweit haben wir Einfluss auf unser Tun?

Kümmere dich nicht um solche Fragen, sondern triff eine Entscheidung. Entscheide dich jetzt für das, wofür dein Herz brennt. Und dann lass es los. Die Weichen stellst du mit einer inneren klaren Entscheidung und nicht mit einer Handlung. Die Handlungen folgen von selbst. Etwas zu wollen ist nicht ausreichend. Das Ego will vieles. Es geht nicht darum, was dein Ego erreichen will, sondern darum, was du mit ganzem Herzen ausdrücken willst. Wozu drängt es dich? Für etwas zu brennen unterscheidet sich vom persönlichen Wollen. Jeder Mensch weiß selbst, was umgesetzt werden will und was nicht. Es gibt Dinge, die (vom Leben aus gesehen) getan werden wollen, und es gibt Dinge, die man (als Person) tun will. Hier gibt es einen feinen Unterschied, den man herausfinden sollte. Verfolge ich eine Absicht oder ein Ziel? Das ist der eine Weg. Der andere lautet: Es geht mir nicht um Ergebnisse, sondern um das Tun an sich. Mache ich etwas der Sache wegen oder hege ich mit meinem Tun Erwartungen?

> Wir stellen die Weichen für unser Leben mit unseren inneren Entscheidungen, nicht mit unseren Handlungen.

Die Dinge fallen nicht vom Himmel. Natürlich musst du etwas tun, aber vertraue darauf, dass es eine Kraft gibt, die dich lenkt und leitet. Gib dich dem natürlichen Lebensfluss hin und vertraue darauf, dass sich dein Leben in Bahnen lenken wird, die dich auch erfüllen. Dies hat mit deiner Einstellung, deiner Ausrichtung und deiner Gesinnung zu tun.

Mir macht meine momentane Arbeit viel Freude:

_____

_____

_____

_____

_____

Ich könnte mir auch etwas anderes vorstellen:

_____

_____

_____

_____

_____

Ich möchte an meiner momentanen Tätigkeit nichts ändern. Warum?

_____

_____

_____

_____

_____

Was würde ich machen, wenn ich meine Arbeit jetzt frei wählen dürfte?

_____

_____

_____

_____

_____

Was hindert mich daran, es umzusetzen?

_____

_____

_____

_____

_____

Das Einzige, was dich daran hindert, ist, dass du darüber nachdenkst. Wir sollten die Dinge tun und uns nicht durch Gedanken von etwas abhalten lassen.

Gehe ich meiner Arbeit nach, weil ich sie machen muss, oder mache ich sie mit Begeisterung? Meine Arbeit hat folgenden Stellenwert für mich:

_____

_____

_____

_____

_____

_____

_____

Nein ist nicht gleich Nein

Die Fähigkeit, das Wort »Nein« auszusprechen, ist der erste Schritt zur Freiheit.

Nicolas Chamfort

Du hast eine neue Idee? Vielleicht bewirbst du dich für einen neuen Job oder erzeugst oder vertreibst Produkte. Wie auch immer, auf diesem Weg wirst du öfter auf Gegenwind stoßen. Das ist völlig normal.

Mache dir daher Folgendes bewusst:
- Eine Absage oder ein Nein bedeutet nicht, dass deine Produkte schlecht sind oder man dich persönlich ablehnt.
- Wir nehmen leider immer alles viel zu persönlich und neigen dazu, den Kopf recht schnell in den Sand zu stecken.
- Wenn du Absagen bekommst, beuge dich nicht!
- Gib niemals auf!

- Kein Nein ist endgültig. Frage nach, was du ändern oder verbessern könntest, und bitte um ein klares Feedback. Ein Nein persönlich zu nehmen ist auf alle Fälle keine Option.
- Nimm nie etwas persönlich, es sind meistens die Umstände, die andere zu einem Nein bewegen. Der andere könnte einen schlechten Tag haben.
- Die ersten paar Sekunden einer Begegnung sind entscheidend. Es liegt aber nicht immer an der Chemie, sondern einfach am Augenblick.
- Ein Nein verschließt keine Türen, es öffnet sie. Lasse diesen Satz auf dich wirken.

Neige ich dazu, Absagen oder Kritik persönlich zu nehmen?
☐ Ja   ☐ Nein

Wie gehe ich mit Kritik um?

_____

_____

_____

_____

_____

_____

_____

Kritik ist ja nur die Meinung des anderen. Und wenn jeder Mensch auf der Welt eine andere Meinung hat, warum lässt man sich davon beeindrucken? Eine spannende Frage. Kritik sollte man immer annehmen, jedoch nicht persönlich nehmen.

Überdenke das, was man dir gesagt hat. Gibt es wirklich Möglichkeiten, die du verbessern oder verändern kannst? Wie kannst du Kritik oder Ablehnung für dich nutzen?

_____

_____

_____

_____

_____

_____

Du solltest an deinen Überzeugungen festhalten, aber nicht glauben, dass du immer im Recht bist. Am liebsten wollen wir nur Lob und Anerkennung kassieren, nur selten sind wir bereit, Verbesserungen an uns oder einer Tätigkeit oder einem Produkt vorzunehmen. Dies zeugt von Uneinsichtigkeit. Man sollte sich auch etwas sagen lassen. Auch andere Menschen haben guten Geschmack und Können. Dies bedeutet nicht, in jedem Fall mit der Meinung anderer mitzuschwimmen und zum Ja-Sager zu werden. Auch hier brauchen wir Unterscheidungsvermögen.

Kann ich offenen Herzens annehmen und wo bleibe ich mir treu?

_____

_____

_____

_____

_____

_____

Es ist nicht ganz einfach, hier die goldene Mitte zu finden. Doch wenn wir nichts mehr wollen und nicht mit den Menschen, sondern mit dem Fluss des Lebens fließen, ergibt sich vieles von selbst. Was nicht mit Leichtigkeit vonstattengeht, ist erzwungen. Bewahre deshalb deine Natürlichkeit und Ungezwungenheit, denn Erzwungenes ist zum Scheitern verurteilt. Zumindest werden wir irgendwann darunter leiden, auch wenn das nicht gleich der Fall sein wird. Oft erkennen wir erst Jahre später die sogenannten Nachwehen, die sich nicht nur psychisch, sondern auch physisch niederschlagen werden.

Vergiss nie: Es sind meist nicht die anderen Menschen, die uns im Wege stehen, sondern wir selbst. Unsere Vorstellungen und Ideen sind meistens nicht im Einklang mit dem Leben. Wir sind zu sehr auf Ziele fixiert, anstatt uns am Tun selbst zu

orientieren. Wenn wir uns zu sehr auf Ideen ver-
steifen und mit Gewalt an etwas festhalten wollen, zeugt das von Sturheit und Starre. Wir sollten
biegsam sein und nicht auf Teufel komm raus
unsere Vorhaben durchboxen.

Das Stichwort Biegsamkeit spricht für sich. Bist du biegsam? Gibst du nach? Fließt du mit dem Leben oder stolperst du durchs Leben?

_____

_____

_____

_____

_____

_____

_____

An nichts und niemandem festhalten

*Was du liebst, lass frei. Kommt es zurück,
gehört es dir – für immer.*

Konfuzius

Das Wasser, das durch das Bachbett fließt, fließt immer nur in eine Richtung. Auch fließt es nicht rückwärts und es bleibt nicht stehen, wenn es einem Stein oder Treibholz begegnet. Genauso wie das Wasser, so sollten wir sein. Doch anstatt uns so zu verhalten, sind wir extrem gut im Festhalten. Wir halten an so ziemlich allem fest, woran man sich festhalten kann.

Hier ein paar Beispiele:

- Ideen
- Gegenstände
- Gewohnheiten
- Wünsche
- Ziele
- Menschen
- Überzeugungen
- Vorstellungen
- Meinungen
- Charakterzüge
- Interpretationen

Schreibe bitte unter die Begriffe, an welchen Ideen, Gegenständen, Gewohnheiten, Wünschen, Zielen, Menschen, Überzeugungen, Vorstellungen, Meinungen, Charakterzügen und Interpretationen du festhältst.

Meine fixen Ideen:

_____

_____

_____

_____

_____

_____

Gegenstände, die ich nicht hergeben möchte:

_____

_____

_____

_____

_____

Gewohnheiten, die ich schon lange mit mir herumtrage:

_____

_____

_____

_____

_____

Wünsche und Ziele, die ich verfolge:

_____

_____

_____

_____

_____

Ohne welche Personen kann ich mir mein Leben nicht vorstellen:

_____

_____

_____

_____

_____

Welche Überzeugungen prägen mein Leben?

_____

_____

_____

_____

Welche Vorstellungen sollte ich überdenken?

_____

_____

_____

_____

Vielleicht fallen dir an dieser Stelle ein paar hartnäckige Meinungen ein, die du schon lange vertrittst. Vielleicht kommst du eher darauf, wenn du an Diskussionen oder Auseinandersetzungen, in denen du eine spezifische Meinung immer wieder vertrittst, teilnimmst. Um es ein wenig zu differenzieren, teilen wir die Meinungen unter verschiedenen Themen auf.

Eine meiner speziellen Meinungen zum Thema Gesundheit:

_____

_____

_____

_____

_____

_____

Eine meiner speziellen Meinungen zum Thema Ernährung:

_____

_____

_____

_____

_____

Eine meiner speziellen Meinungen zum Thema Partnerschaft:

_____

_____

_____

_____

_____

Eine meiner speziellen Meinungen zum Thema Umwelt:

_____

_____

_____

_____

_____

Eine meiner speziellen Meinungen zum Thema Politik:

_____

_____

_____

_____

_____

Eine meiner speziellen Meinungen zum Thema Liebe:

_____

_____

_____

_____

_____

Eine meiner speziellen Meinungen zum Thema Arbeit:

_____

_____

_____

_____

_____

Eine meiner speziellen Meinungen zum Thema Geld:

_____

_____

_____

_____

Eine meiner speziellen Meinungen zum Thema Erziehung:

_____

_____

_____

_____

_____

Eine meiner speziellen Meinungen zum Thema Familie:

_____

_____

_____

_____

_____

Eine meiner speziellen Meinungen zum Thema Bewegung:

_____

_____

_____

_____

_____

Eine meiner speziellen Meinungen zum Thema Natur:

_____

_____

_____

_____

_____

Eine meiner speziellen Meinungen zum Thema Klima:

_____

_____

_____

_____

_____

Kommen wir nun zu deinen Charakterzügen. Wie siehst du dich, was magst du an dir, was magst du eher nicht?

Charakterzüge, die ich nicht an mir mag:

_____

_____

_____

_____

Charakterzüge, die ich liebe:

_____

_____

_____

_____

_____

_____

Bin ich wirklich so, wie ich mich sehe? Sehen mich andere auch so? Sind das vielleicht Meinungen, die ich mir die letzten Jahre über zurechtgelegt habe? Sind es vielleicht Meinungen, die mir andere die letzten Jahre übergestülpt haben?

Denke darüber nach. Zu welcher Erkenntnis bist du gekommen?

_____

_____

_____

_____

_____

Jetzt, wo du dich mit Fragen über deinen Charakter auseinandergesetzt hast, überprüfe dich noch ein wenig genauer. Vielleicht sehen dich andere Menschen ganz anders. Wie erlebst du dich selbst?

Frage einen dir nahestehenden Menschen, ob er deine Charakterzüge aufzählen könnte, und überprüfe dann, wie sehr sie mit deinen Angaben übereinstimmen. Du wirst über das Ergebnis erstaunt sein. Wenn du einen weiteren Menschen fragst, wirst du merken, dass dich jeder völlig anders erlebt. So, wie du bist, sehen sie dich bestimmt nicht. Und so, wie du dich siehst, bist du ebenfalls nicht. Warum das so ist? Wir prägen uns gewisse Umstände und Erfahrungen ein. Das Hirn speichert ab, wie wir uns in gewissen Situationen fühlen oder verhalten. Daraus formt es Eigenschaften oder Charakterzüge. Doch diese bestehen nur aus Erinnerungen, die in uns abgespeichert sind. Wie wir tatsächlich, und zwar in diesem Moment, hier und jetzt, sind, hat mit dieser Erinnerung nichts zu tun.

> Kein Mensch ist genau so, wie ihn die anderen sehen, und auch nicht so, wie er sich selbst sieht.

Wenn dich jemand fragt, ob du eine Rede halten möchtest und du spontan mit einem Nein antwortest, bedeutet dies, dass du irgendwann einmal ein Problem damit hattest, vor Menschen zu sprechen. Du glaubst, dass es immer noch so ist. Doch ist es wirklich so? Handelst du aus Erinnerungen oder aus Überzeugung? Wenn der Mensch irgendwann eine Abneigung gegenüber Hunden entwickelt hat, wird er höchstwahrscheinlich immer gleich auf sie reagieren. Auch wenn sich das Verhalten ändert, verhalten wir uns aus Erinnerungen heraus nach einer Art Gewohnheitsschema. Suche einmal ein Beispiel, bei dem du immer mit Nein antwortest. Schaue genau hin und überlege, warum du das tust. Und dann überprüfe, ob die Antwort überhaupt noch Gültigkeit hat.

Mit unseren Charaktereigenschaften ist es nicht anders. Eine Charaktereigenschaft hat man ja bei der Geburt noch nicht. Wenn wir sie bei der Geburt noch nicht hatten, ab wann genau erhalten wir sie und haben wir sie dann für immer? Hast du darüber schon einmal nachgedacht? Charaktereigenschaften sind also etwas, was nicht zu uns gehört, sondern etwas, das wir uns im Laufe der Zeit angeeignet haben. Und dies hat mit Erfahrungen zu tun. Diese Erfahrungen ändern sich nicht nur ständig, es kommen auch immer neue hinzu.

Meine Erkenntnisse dazu:

_____

_____

_____

_____

_____

Interpretationen haben es in sich. Meist merken wir gar nicht, dass es Interpretationen sind. Das Gesehene ist das Interpretierte, auch wenn wir es als real erachten.

Wir verwechseln Interpretationen mit Realität. Wie wir Menschen Dinge und auch uns selbst wahrnehmen, ist immer eine Interpretation. Ob ich jetzt einen Menschen als gut oder schlecht einstufe, wie ich einen Urlaubsort erlebe oder wie ich meine Arbeitsstelle sehe, kann immer nur meiner Interpretation folgen. Alles entspricht meiner Interpretation, alles ist Interpretation. So streiten sich die Menschen um Recht und Unrecht und bemerken gar nicht, dass sie eigentlich nur versuchen, sich gegenseitig ihre Interpretationen aufzuzwingen.

Das fällt mir zum Thema Interpretationen ein:

_____

_____

_____

_____

_____

_____

An diesen Interpretationen halte ich fest: _____

_____

_____

_____

_____

Wie sehe ich die Welt? Das große Experiment der Selbsterkenntnis

Es kommt nicht darauf an, dem Leben mehr Jahre zu geben, sondern den Jahren mehr Leben zu geben.

Alexis Carrel

So, wie du die Welt siehst, so wirst du sie erleben. Die Welt entspricht dir, sie ist eine Spiegelung der einen Herrlichkeit und diese Spiegelung hast du zu deiner Realität erklärt. Möchtest du dich selbst und die Welt kennenlernen? Du kennst dich schon? Du kennst die Welt?

Wir alle haben ein Bild von uns selbst und eines, das für unsere Welt steht. Doch gibt es da etwas hinter deinen Augen, was die Welt nicht einordnet und deutet, sondern sie einfach nur als gegenwärtig erlebt.

Entdecke dich selbst in deinen Gedanken und Vorstellungen

Hast du Lust, Neues auszuprobieren und deine Grenzen und Fähigkeiten zu entdecken? Wenn nicht, scheint etwas in dir eingeschlafen zu sein. Das ist völlig normal, weil das Erdendasein es so an sich hat. Aber dagegen können wir etwas tun – nicht in Form einer Handlung, sondern einer körperlichen Passivität. Dies bedeutet, dass die Beweglichkeit des Geistes gefragt ist und es vielleicht auch als Erforschung bezeichnet werden könnte.

Menschen haben es vermehrt verlernt, frisch, neugierig und voller Elan an die Dinge heranzugehen oder auch einfach mal etwas Neues auszuprobieren. Ich spreche hier nicht von neuen Erfindungen oder Produkten, sondern von der Art, wie wir unserem Umfeld begegnen.

Und wie sieht es bei dir damit aus? Begegnest du der Welt und den Menschen immer mit den gleichen vorgefertigten Meinungen und Ideen, die du schon tausendmal gedacht hast? Ich denke, ja. Oft bemerken wir nicht, dass wir nur aus Erinnerungen heraus leben und gar nicht genau hinschauen, wie sich die Dinge zeigen. Prägungen sitzen tief und erlauben es uns kaum, neuen Impulsen zu folgen, da unvoreingenommenes Wahrnehmen abstirbt, wenn es nicht angewendet wird.

Erlaubst du dir selbst, dem Leben neu zu begegnen?
☐ Ja   ☐ Nein   ☐ Weiß nicht

_____

_____

Ist dir bewusst, dass jeder Tag immer nur genauso span-nend sein kann wie du selbst?

☐ Ja ☐ Nein ☐ Weiß nicht

_____

_____

Wie spannend bist du und wie spannend ist demnach dein Leben?

_____

_____

_____

_____

_____

_____

Was bedeutet der Begriff »spannend« für dich?

_____

_____

_____

_____

_____

_____

Was bedeutet Spannung für dich?

_____

_____

_____

_____

_____

Das Leben ist wie ein Notizblock. Du kannst jeden Tag
etwas Neues notieren. Doch wir blättern gerne zurück
und sind damit beschäftigt, alte Erlebnisse stets neu auf-
zuwärmen. Wir lesen sie immer wieder und hängen in
dieser Schleife fest. Es ist wie dieses »Repeat«, das an
einen Schallplattenarm erinnert, der immer wieder zu-
rückspringt und dieselbe Stelle herunterleiert. Wann
entscheidest du dich, geschriebene Stellen zu übersprin-
gen, nicht mehr zurückzublättern und auch nicht auf die
nächste Seite zu schielen? Dir Sorgen zu machen bringt
dich nicht weiter. Sich um das zu kümmern, was jetzt
nicht ist, bringt Kummer und Leid. Nicht umsonst heißt
es »kümmern«. Wer sich ständig um das kümmert, was
überhaupt gar keinen Stellenwert hat, dessen Seele ver-
kümmert. Wir räumen allem so viel Raum ein, dass das
Unwichtige wichtig wird. Was wirklich wichtig oder un-
wichtig ist, können wir gar nicht mehr unterscheiden.
Wir verlieren uns in so vielen Dingen und es stellt sich
die Frage, was wirklich notwendig ist. Wir schauen im
Internet nach einem Kochrezept und plötzlich sind wir

auf einer anderen Seite. Und schon haben wir uns ein Accessoire und für unseren Hund ein Körbchen bestellt. Eine Stunde später haben wir völlig vergessen, was wir eigentlich wollten. Ach ja, da war ja noch das Rezept, das wir nachlesen wollten. Dieser Geistesblitz kommt nicht von ungefähr. Der knurrende Magen hat ihn aktiviert. Wer nicht achtsam ist, verliert sich im Dschungel der angebotenen Informationen, die zum Träumen verleiten. Es spricht nichts dagegen, im Internet zu surfen, aber Zeit ist kostbar. Wir sollten uns Grenzen setzen, auch in Bezug, wie wir Zeit einsetzen.

Mache dein Leben zum Notizblock. Schreib Neues auf und bleibe in jedem Augenblick bei der Zeile, in der du dich jetzt befindest. Fließe weiter mit den Zeilen. Wo auch immer du etwas Neues niederschreibst, es ist immer im Jetzt. Es gibt nichts Altes, wenn wir uns dem Neuen voll und ganz widmen. Wenn wir uns im Alten verlieren, verdrängen wir das Neue und verlassen das Jetzt. Zufriedenheit findet im Jetzt-Raum statt und nirgendwo anders.

> Nur im Jetzt findest du Zufriedenheit, lass das Alte daher los und widme dich dem Neuen.

Sei mutig, du kannst etwas und bist etwas Besonderes. Das hast du vielleicht vergessen oder du unterschätzt dich. Jeder Mensch hat wunderbare Wesenszüge. Oder glaubst du, dass Menschen in die Welt gesetzt wurden, die Vorzüge oder Nachteile haben? Wenn du das glaubst, solltest du diese Meinung schleunigst überdenken und diese lieblose Bewertung in den Wind schießen. Mit diesem Denken grenzt du nicht nur andere Menschen ein, du begrenzt auch dich selbst. Wenn du denkst, dass andere nichts können, werden sie auch nichts können. Das Leben folgt deinen Gedanken. Vergiss das nicht.

Dem Leben Grenzen zu setzen bedeutet, im Mangel zu leben. Der Mangel ist nicht nur spürbar, er wird auch sichtbar. Dass du immer dich selbst erlebst, ist ein Sprichwort, dessen Tiefe man nicht missachten sollte. Ignoriere es nicht.

Jeder Mensch hat wunderbare Wesenszüge. Auch du kannst etwas und bist etwas Besonderes.

Weitere Glaubenssätze und Wahrheiten

Ich bin der Wahrheit verpflichtet, wie ich sie jeden Tag erkenne, und nicht der Beständigkeit.

Mahatma Gandhi

Lass uns gemeinsam ein Spiel spielen. Du liest dir meine Frage durch und kreuzt die passende Antwort an, *bevor* du zur nächsten Frage übergehst. Wenn du gelesen hast, was ich den Sätzen hinzugefügt habe, mache dir bitte ein paar Notizen, wie du die Sache siehst. Du musst mit meiner Antwort nicht einverstanden sein. Schreibe auf, was du denkst, fühlst und was dir spontan in den Sinn kommt. Lies anschließend deine und meine Antworten/Gedanken zur Frage noch einmal durch und schließe deine Augen. Spüre, welche Widerstände in dir hochkommen, welche Einsichten dich ereilen, welche Gefühle dich übermannen und welche Gedanken hochgespült werden. Es geht weniger um unsere Antworten, was so viel bedeutet, dass weder deine noch meine Antworten wichtig sind. Wichtig ist, was sie in dir auslösen. So kannst du Gedankenmustern, Abneigungen, Gewohnheiten, Widerständen, Meinungen und Vorurteilen auf die Schliche kommen, die in dir schlummern und nur darauf warten, erlöst zu werden. Dazu musst du nichts tun, sondern lediglich die Einsicht erlangen, dass Gedankenmuster, Abneigungen, Gewohnheiten, Widerstände, Meinungen und Vorurteile hier sind. Dies ist vollkommen ausreichend, da Einsicht bereits ein Lösungsmittel und Weichensteller ist.

Dies klingt einfach, ist es aber nicht. Auch wenn wir einiges bemerken, wir wollen uns doch vieles nicht eingestehen. Das Ego ist nicht nur eitel, es will auf keinen Fall schlecht dastehen. Es glaubt, alles zu wissen und vor allem besser zu wissen. Und sagen lassen will es sich schon gar nichts.

Was auch immer du entdeckst und womit du emotional und gedanklich von dir selbst bombardiert wirst, nimm es nicht persönlich. Es sind Eigenschaften, die du bei der Geburt nicht hattest. Irgendwann hast du sie dir angeeignet, und jetzt ist es an der Zeit, sie loszulassen. Aber zuvor gilt es, sie zu erkennen und zu realisieren, was es mit ihnen auf sich hat.

Ich habe absichtlich nach der Frage und vor meiner Erläuterung dazu ein Zitat gesetzt, damit du weniger dazu verleitet wirst, in die Erläuterung hineinzulesen, ohne die Frage beantwortet zu haben. Beantworte also zuerst die Frage spontan und umgehend und fahre danach erst mit dem Lesen fort.

Es gibt gute und schlechte Menschen

Findest du, dass es gute und schlechte Menschen gibt?
☐ Ja   ☐ Nein   ☐ Weiß nicht

Nehmen Sie die Menschen, wie sie sind,
andere gibt's nicht.

Konrad Adenauer

Es gibt keine Menschen, die von Natur aus schlecht sind. Welche Eigenschaften hat der Mensch, wenn er auf die Welt kommt? Man spricht oft davon, dass einem etwas in den Genen liegt. Stimmt das? Natürlich neigen wir zu Prägungen, die unser Leben mitbestimmen. Diese Beeinflussung ist aber nicht vollumfänglich maßgebend, wenn es darum geht, mit welchen Handlungen und mit welchem Gemüt der Mensch sein Leben erfüllt.

Es gibt unzählige Hundetherapeuten, die Kunden gutes Benehmen beibringen wollen. Der Hund hat Angst, er beißt, er schnappt oder bellt unentwegt, was man zu beheben versucht. Fakt ist, dass man beim Menschen anfangen muss, wenn jemand therapiert gehört. Der Hund ist ein Abbild des Menschen und spiegelt seine Ängste und Sorgen, seine Unsicherheit sowie sein gesamtes Innenleben. Hundebesitzer wollen das natürlich nicht hören. Niemand will sich sagen lassen, dass das Problem des Hundes nur eine Spiegelung seines Wesens und Verhaltens ist. Auf alle Fälle hat der Besitzer eine Resonanz dazu, sonst hätte er den Hund nicht. Dies bedeutet nicht, dass er die Probleme hat, die der Hund hat, sondern dass ihm das Verhalten des Hundes etwas aufzeigen will. Man könnte den Hund auch als Therapeuten bezeichnen oder als Verwirklichungsgehilfen, wie alles, was uns in die Quere kommt, nichts außer ein Gehilfe ist.

Der Mensch wird geprägt von seinen Eltern, von der Schule, seinen Ausbildungen und seinem sozialen Umfeld. Natürlich spielen auch der Wohnort sowie der religiöse Einfluss eine Rolle. Menschen, die anderen Menschen bewusst Schaden zufügen, haben fast alle eine schwierige Kindheit erlebt. Wer in der Kindheit misshandelt, gequält oder tief verletzt wurde, gibt ja nur das weiter, was er selbst erlebt hat. Oder er reagiert sich mit seinem Verhalten und seinen Handlungen ab, um den tief sitzenden Schmerz auszugleichen. Das funktioniert natürlich nur bedingt, da eine Befriedigung nur von kurzer Dauer ist.

Wir wissen nicht, was Menschen dazu bewegt, etwas zu tun, was uns alle schockiert. Aber wir wissen, dass wir mit gutem Beispiel vorangehen und Menschen liebevoll und respektvoll behandeln können. Wir können die Welt nicht ändern, aber wir können Zeichen setzen, indem wir in unserem Umfeld unser Bestes geben. Fürsorglich zu sein, Hilfsbereitschaft zu zelebrieren, Menschlichkeit zu leben, einen guten Umgang mit anderen und sich selbst zu pflegen und mit Verantwortung und Verständnis durchs Leben zu gehen, ist für niemanden unmöglich. Natürlich gibt es wie bereits erwähnt unterschiedliche Voraussetzungen, aber es geht nicht darum, dass die anderen etwas tun, sondern dass du *jetzt* handelst.

Jeder wartet darauf, dass irgendetwas geschieht und sich die Welt verbessert. Darauf können wir lange warten. Die kleinste Kleinigkeit ist Teil vom Großen. Lebe achtsam und gehe ausnahmslos behutsam mit allem um. Wenn du das tust, ist das gewiss keine Kleinigkeit. Lebe es vor, damit es abfärben kann.

Es gibt gute und schlechte Menschen.
Was ich darüber denke. Das sehe ich anders. Was mir dazu einfällt:

_____

_____

_____

_____

_____

_____

_____

_____

_____

Ich habe in meinem Leben nicht immer das Beste gegeben

Ist das so, hast du in deinem Leben nicht immer das Beste gegeben?
☐ Ja   ☐ Nein   ☐ Weiß nicht

> *Es ist sinnlos zu sagen: Wir tun unser Bestes. Es muss dir gelingen, das zu tun, was erforderlich ist.*

Winston Churchill

Kennst du diese Sätze? Hätte ich doch mein Bestes gegeben. Das nächste Mal mache ich es besser. Warum habe ich es nicht anders gemacht?

Diese Vorwürfe kennen wir alle zur Genüge. Ein schlechtes Gewissen oder Schuldgefühle sind keine Seltenheit, wenn wir unser Verhalten infrage stellen. Es ist ein absoluter Trugschluss zu glauben, dass wir irgendetwas hätten anders machen können. Wir machen es immer so, wie es in diesem Moment unserem Bewusstsein entspricht und wie wir es machen können. Somit kann es nur unser Bestes sein. Wenn wir versuchen, unser Bestes zu geben, verhält es sich ein wenig anders. Diese Absicht verfälscht unser Verhalten und hat eine unnatürliche Anstrengung zur Folge. Angestrengt zu sein erzeugt Druck. Die Einstellung zum Leben, dass man immer das Bestmögliche tut, ohne sich selbst zu überfordern oder unter Druck zu setzen, ist etwas sehr Lobenswertes. Wir müssen uns nicht verstellen. Auch müssen wir nicht der oder die Beste sein. Es ist vollkommen ausreichend, mit vollem Einsatz alles gewissenhaft, ehrlich und freudvoll zu erledigen. Wenn wir ganz bei der Sache sind, erbringen wir die beste Leistung. Ganz bei der Sache zu sein bedeutet, gedanklich nicht immer einen Schritt weiterzugehen. Sich auf etwas zu konzentrieren ist eine rare Haltung. Vielleicht glauben wir sogar, dass wir bei der Sache sind, wenn wir etwas tun. Und ich glaube, wir bemerken es nicht einmal, dass unsere Gedanken ständig umherspazieren und eben nicht bei der Sache sind. Wir sind es gewohnt, viele Dinge gleichzeitig zu tun. Wie sollen wir in der Lage sein, unser Bestes zu geben, wenn wir uns nicht gezielt einer Sache widmen? Und dann auch noch bei der Sache zu bleiben, das ist eine Herausforderung, der wir uns tagtäglich stellen müssen, um sie mit Bravour zu meistern.

Während des Fernsehens lesen wir noch eine Zeitung, essen und trinken etwas und schneiden uns vielleicht auch noch die Zehennägel. Wenn wir uns versehentlich mit der Schere verletzen, werden wir wütend. Wie viele Dinge wollen wir gleichzeitig machen? Gewöhne dir an, Essen als eine meditative Haltung zu sehen. Wenn du in Gesellschaft bist, kannst du dich natürlich unterhalten, aber Computer, Handy, Fernseher, Telefon oder Zeitung haben beim Essen nichts verloren. Das Beste aus dem Essen wirst du herausschmecken, wenn du dich darauf konzentrierst, aber nicht angestrengt, sondern leicht und losgelöst. Vergiss nicht, dass das Unterbewusstsein ständig alles abspeichert und wahrnimmt. Es »sieht« und »weiß« wesentlich mehr als du, was so viel bedeutet, dass immer alles abgespeichert wird, das gegenwärtig ist. Wenn du jetzt zum Beispiel einen Krimi anschaust, passiert etwas mit dir. Vielleicht erschrickst du, ängstigst dich oder stehst unter Spannung – wenn du dabei etwas isst, werden diese Energien als etwas zum Essen Dazugehöriges abgespeichert. Warum meinst du, haben so viele Menschen Allergien?

Ich hatte einmal einen Klienten, der eine Allergie gegen Orangen hatte. Nach jahrelangem Suchen, worauf und warum er so reagiert, hatte sich schließlich folgende Antwort eingestellt: Er hatte während eines mächtigen Familienstreits eine Orange geschält und sie gegessen. Warum lassen wir diese Feinheiten außer Acht und sehen sie nicht?

Es gibt Menschen, die auf Waschmittel allergisch sind. Dies hat ebenfalls einen ganz natürlichen Grund. Wenn wir uns mit frisch gewaschener Kleidung einer unguten Situation ausliefern oder gestresst sind, kann es durchaus sein, dass das Unterbewusstsein das ganze Umfeld und alles, was ist, als Gefahr verbucht. Dies bedeutet, dass es Menschen gibt, die darauf reagieren. Dies ist aber nur bei denjenigen so, die hier einen Schwachpunkt haben oder eben genau hier über eine Resonanz verfügen. Warum es den einen trifft und den anderen nicht, weiß man nicht. Es gibt ja auch Menschen, die viel unter Menschen sind und ständig mit einer Krankheit angesteckt werden. Dann wiederum gibt es welche, die überhaupt gar keine Reaktion zeigen. Hier gibt es Prägungen, die von Fall zu

Fall verschieden und wahrscheinlich auch genetisch bedingt sind.

Ich bin überzeugt davon, dass jeder Mensch zu jeder Zeit sein Bestes gibt und keine schlechten Absichten hegt. Wenn er etwas Schlechtes tut, geschieht das aufgrund seiner Erfahrungen, und er wird durch die momentanen Umstände geformt. Kein Mensch kommt mit schlechten Absichten auf die Welt, seine Erlebnisse verformen ihn.

Ich habe in meinem Leben nicht immer das Beste gegeben.
Was ich darüber denke. Das sehe ich anders. Was mir dazu einfällt:

_____

_____

_____

_____

_____

_____

Irgendwann wird es Frieden geben auf der Welt

Glaubst du, dass es irgendwann auf der Welt Frieden geben wird?
☐ Ja   ☐ Nein   ☐ Weiß nicht

*Es gibt keinen Weg zum Frieden, denn
Frieden ist der Weg.*

Mahatma Gandhi

Fast jeder hat sich schon einmal gewünscht, dass auf der
Welt Frieden einkehrt. Krieg beginnt im Kopf, was vielen von uns nicht bewusst ist. Alle Kriege haben einen
religiösen Hintergrund. Vielleicht haben sich deshalb so
viele Menschen von der Religion abgewandt, wenn auch
unbewusst. Religion gibt den Menschen Halt, aber sie ist
verfälscht und hat ihre Ursprünglichkeit verloren. Religion wird dazu benutzt, Menschen zu kontrollieren, und
hat bestimmt nichts mit Gott, Jesus oder mit Liebe zu
tun. Gott wohnt im Menschen und nicht in der Religion.
Religion ist durchaus etwas Göttliches, aber auch in der
Ungläubigkeit ist Gott zu Hause. Es gibt keinen Ort, wo
er nicht ist und nichts, was ohne ihn existieren könnte.
Gott als Liebe ist unsichtbar und sichtbar zugleich. Auf
sichtbarer Ebene ist Gott in allem, die Vielfalt, die im
Weltenraum erscheint. Auf unsichtbarer Ebene ist Gott
die Kraft, aus der die sichtbare Ebene hervorgeht und
Leben überhaupt erst ermöglicht.

Solange wir noch negative Gedanken hegen, kann
es keinen Frieden geben. Jeder Mensch trägt dazu bei,
dass es Krieg gibt. Nicht nur die, die ihn anzetteln und
kämpfen, können dafür verantwortlich gemacht werden.
Wie lebendig ist es in deinem Gehirn? Wie oft hast du
verurteilt? Wie oft verurteilst du noch und wie oft wirst

du noch verurteilen? Wann endet dieses Spiel? Wie oft am Tag richten sich deine Gedanken gegen eine Situation oder einen Menschen? Wie oft hast du in Gedanken Menschen verletzt und ihnen sogar Schaden zugefügt? Und wie sieht es mit deiner Vorstellung aus? Was hast du dir in Bezug auf andere schon vorgestellt, was du selbst nicht erleben möchtest? Was glaubst du, wie Krieg entsteht? Wenn die Welt ein Gedankenkonstrukt ist, was kann Krieg demnach sein?

Wir unterhalten uns über die schlimmen Kriege, die irgendwo auf der Welt geschehen. Wie schnell wir mit Kritik und Verurteilungen sind, wissen wir selbst. Wir sollten uns schämen. Wir schauen immer auf das, was dort draußen geschieht oder was die anderen tun. Es wäre fruchtbarer und hilfreicher, bei uns selbst anzufangen. Schon in der Bibel steht: Du siehst den Splitter im Auge deines Bruders, den Balken in deinem Auge aber bemerkst du nicht.

Vieles haben wir schon Hunderte Male gehört, aber geändert hat sich nichts. Warum? Weil der andere nichts tut? Nein, weil wir zu nachlässig sind und nicht bereit sind, Verantwortung für das Leben zu übernehmen. Verantwortung ist etwas ganz anderes, als wir glauben. Ein verantwortliches Leben bedeutet, die volle Verantwortung für seine ausgesandten Gedanken, Worte und seine Handlungen zu übernehmen.

Kannst du das? Gäbe es hier etwas zu verbessern?
Vielleicht magst du dir zu diesen zwei Fragen Notizen
machen, bevor du zum ganzen Absatz Stellung beziehst.

_____

_____

_____

_____

_____

_____

_____

_____

Irgendwann wird es Frieden geben auf der Welt.
Was ich darüber denke. Das sehe ich anders. Was mir
dazu einfällt:

_____

_____

_____

_____

_____

_____

_____

Manche Menschen haben nicht die Veranlagung dazu, Erfolg zu haben

Glaubst du, dass manche Menschen nicht die Veranlagung dazu haben, Erfolg zu haben?
☐ Ja   ☐ Nein   ☐ Weiß nicht

Unsere Fehlschläge sind oft erfolgreicher als unsere Erfolge.

Henry Ford

Es gibt sie, die erfolgreichen und die erfolglosen Menschen. So sieht es zumindest aus. Die Frage ist, wo Erfolg anfängt und wo er endet. Du planst, ein Geschäft zu eröffnen. Alles funktioniert gut, du hast den Mietvertrag für die Geschäftsräume unterschrieben und verbuchst somit deinen ersten Erfolg. Für dich bedeutet dies einen Erfolg, weil du eine gewisse Vorstellung hattest. Du wolltest diese Räumlichkeiten und das Ziel vor Augen ist dein neues Geschäft. Einen Mietvertrag zu bekommen hat aber grundsätzlich nichts mit Erfolg zu tun. Wenn er für einen bestimmt ist, bekommt man ihn, und wenn nicht, bekommt man ihn nicht. Man könnte den Begriff Erfolg durch folgende Werte ersetzen: ein Ereignis, das eingetreten ist – sich sozusagen ereignen musste.

Beispiel: Vielleicht läuft das Geschäft gar nicht an und du erlebst nach kurzer Zeit eine Pleite. Wäre es dann nicht eher ein Erfolg gewesen, wenn du den Mietvertrag nicht unterschrieben hättest? So könntest du nämlich erst gar nicht in Konkurs gehen.

Erfolg wird als etwas Persönliches verbucht. Man glaubt, etwas geschafft zu haben, und bildet sich ein, dass es an einem selbst liegt, dass etwas gelungen ist. Natürlich hat man etwas dazu beigetragen, aber es kann nur das erfolgen, was ohnehin deinem Bewusstsein entspricht. Es kann nichts erfolgen, wozu du keine Resonanz hast. Wie auch immer du dich angestrengt hast und was auch immer du tust, wenn etwas nicht für dich vorhergesehen ist, wird es auch nicht eintreffen. Dein Zutun ist zwar notwendig, aber es ist nicht deine Handlung, denn die Handlungen gehen ja nicht von dir aus, du erledigst sie nur. Eine Teigknetmaschine knetet den Teig, aber das kann sie nicht von sich aus bewerkstelligen. Dazu braucht sie Strom. Und der Strom, der aus der Steckdose kommt und erzeugt wird, muss auch irgendwo einen Ursprung haben, damit er überhaupt entstehen und sein kann. Bei dir ist es nicht anders.

Etwas lässt dich handeln. Wir führen sozusagen Dinge aus, *die sich erledigen müssen*. Jemand muss sie tun, sonst geschehen sie nicht. Auch wenn wir dafür unsere Hände verwenden und der ganze Körper im Einsatz ist, so ist es doch so, dass wir das Resultat nicht bestimmen. Vergleichen wir es mit einer Marionette. Im Kasperletheater sehen die Kinder den Kasperl und den Räuber. Der Kasperl zieht dem Räuber eins über, als er ihn bestehlen will. Für die Kinder hat es den Anschein, dass der Kasperl den Räuber aus dem Weg geräumt hat. Fakt ist: Es bleibt unbeachtet, dass es jemanden gibt, der an den

Fäden zieht. Wäre da niemand, gäbe es die Vorführung nicht, geschweige denn einen Kasperl oder den Räuber. Natürlich sind wir keine Marionetten. Aber wir müssen uns bewusst sein, dass wir unser Leben und unsere Atmung nicht selbst bestimmen. Auch wenn wir Entscheidungen treffen, so können wir nur Entscheidungen treffen, die an der Reihe sind.

Wir können nichts entscheiden, was nicht für uns stimmt. Die Entscheidung wird uns – um es etwas überspitzt auszudrücken – sozusagen »in den Kopf hineingelegt«. Wenn wir eine Entscheidung treffen, entscheiden wir uns für das, was uns entspricht. Und auch wenn es Tausende Möglichkeiten gibt, die wir tun können, so entspricht uns doch nur eine Möglichkeit.

Wir sind davon überzeugt, dass jeder seine eigenen Entscheidungen trifft. Will ich zum Friseur gehen, um mir die Haare schneiden zu lassen, muss ich zuvor die Entscheidung dafür treffen und einen Termin vereinbaren. Das stimmt, doch ich bin mir nicht bewusst, dass da etwas sein muss, das mich den Gedanken »Geh zum Friseur« oder »Melde dich am Mittwoch beim Friseur an« überhaupt denken lässt. Ich bestimme nicht, dass ich in drei Wochen den Einfall haben werde, mich eine Woche später beim Friseur anzumelden.

»Weißt du schon, wohin du in den Urlaub fährst?«

»Ja! Ich werde nächstes Jahr im Mai das Bedürfnis haben, mich im Juli für eine Wellnesskur in Österreich anzumelden.«

»Was möchtest du später einmal werden?«

»Ich werde in 10 Jahren ein Praktikum bei einem Anwalt machen und das wird mir so gut gefallen, dass ich mich anschließend zur Rechtsanwaltsgehilfin ausbilden lasse.«

»Hast du Lust, nächste Woche am Freitag mit mir wandern zu gehen?«

»Das würde mir gefallen, aber am Donnerstagvormittag wird mich ein Gedanke ereilen, dass ich doch endlich meinen Dachboden aufräumen sollte. Dazu wird auch noch ein Gefühl hochkommen, das mir sagt, dass ich überhaupt keine Lust zum Wandern habe.«

Das hört sich alles recht lustig an, es steckt aber eine wichtige Botschaft dahinter. Nicht nur, dass Gefühle und Gedanken kommen und gehen, wie sie wollen, wir können auch ihren Inhalt nicht bestimmen. Warum wir über solche Dinge nicht nachdenken oder sie nicht hinterfragen, bleibt ein Rätsel. Nun bin ich gespannt, was du dazu sagst.

Manche Menschen haben nicht die Veranlagung dazu, Erfolg zu haben.
Was ich darüber denke. Das sehe ich anders. Was mir dazu einfällt:

_____

_____

_____

_____

Erfolg ist etwas, das erfolgt. Somit ist alles Erfolg im Leben. Was für den einen Erfolg bedeutet, ist für den anderen eine Niederlage. Menschen, die in Erfolg, Gewinn und Verlust denken, sind in einem sehr engen Denken gefangen. Nur wer weit wird, wird den wahren Erfolg haben, weil er für ihn die Bedeutung verloren hat. Der wahre Erfolg ist, wenn ich erkannt habe, wie Erfolg zustande kommt, und dass er in dieser Art und Weise, wie er von den meisten verstanden wird, nicht existiert. Es gibt keine erfolgreichen Menschen und auch keine Verlierer. Es gibt nur Menschen, die andere als erfolgreich oder Verlierer bezeichnen, oder sich selbst so erleben.

Was ich darüber denke. Das sehe ich anders. Was mir dazu einfällt:

_____

_____

_____

_____

_____

Wenn ich nicht viel arbeite, werde ich auch nicht viel verdienen

Wenn ich nicht viel arbeite, werde ich auch nicht viel verdienen. Glaubst du das?
☐ Ja   ☐ Nein   ☐ Weiß nicht

*Wir bestreiten unseren Lebensunterhalt mit
dem, was wir bekommen, und wir leben
von dem, was wir geben.*

Winston Churchill

Geld ist für uns alle ein Thema. Dies hat nicht unbedingt persönliche Gründe, sie sind weltumspannend. Viele Dingen, mit denen wir Probleme haben, sind kollektiv, und das liebe Geld gehört auch dazu. Die einen haben zu viel, die anderen zu wenig. Viele Menschen fragen sich, warum das Geld so eigenartig verteilt ist.

Auf alle Fälle versucht jeder, irgendwie Geld zu verdienen, da er ja seinen Lebensunterhalt bestreiten muss. Dass wir für unser Geld arbeiten müssen, versteht sich von selbst. Und dies ergibt durchaus Sinn. Es ist wichtig, dass wir mit Disziplin an das Leben herangehen. Wenn wir alle genug Geld hätten und nicht arbeiten müssten, würde die Hälfte der Weltbevölkerung wahrscheinlich die Strände füllen, in der Gegend herumlungern und reisen. Es gibt Aufgaben im Leben und eine davon ist die Arbeit. Wenn man eine Stelle gefunden hat, die einem Freude bereitet, und man diese auch ausüben darf, ist man den anderen Menschen bereits einen Schritt voraus.

In uns hat sich folgendes Denken eingeschlichen: Je mehr man arbeitet, umso mehr Geld hat man. Man kann aber auch viel verdienen und mäßig arbeiten. Das Problem ist, dass wir uns zu sehr anstrengen, um etwas zu erreichen. Wir setzen uns zu sehr unter Druck und dieser Druck lässt uns leiden. Es schleicht sich ein unnatürliches Verhalten ein: schneller, noch schneller, mehr, noch mehr, besser, noch besser und noch besser. Kein Wunder, dass uns dieses Verhalten krank macht und Unzufriedenheit beschert. Dass man mit weniger Arbeit auch viel Geld verdienen kann, bedeutet nicht, dass wir schnell eine Stunde abarbeiten und danach die Hände aufhalten, um den Betrag für zehn Stunden zu kassieren.

Die Frage ist nicht, was ich tue, sondern wie ich es tue. Wie fühle ich mich, während ich meiner Arbeit nachgehe? In der Gesellschaft werden die Menschen nach wie vor nach dem Beruf eingestuft. Es gibt angesehene Berufe und solche, denen wenig Respekt gezollt wird – ein armseliges Verhalten und dennoch ist es so. Wer seine Arbeit mit Hingabe verrichtet, läuft Gefahr, zufrieden und glücklich zu sein. Wer viel Geld verdient und erfolgreich ist, ist meist trotzdem unzufrieden, weil er einem Druck standhalten muss, dem niemand gewachsen ist. Von außen mag das anders aussehen, aber hineinsehen können wir bekanntlich in niemanden. Die meisten sehen nur das viele Geld, das der Mensch verdient, und möchten das auch haben. Doch die Betrachtung von außen trügt. Wir sehen ja immer nur Momentaufnahmen und nicht das Gesamtbild. Außerdem ist das, was wir sehen, eine persönliche Auslegung und hat mit der Situation selbst gar nichts zu tun. Woher wir die Einbildung nehmen, dass alle Menschen, die über viele materielle Güter verfügen, glücklicher sind als wir, ist rätselhaft. Diesen Menschen geht es nicht besser, das glauben wir nur. Vielleicht können sie sich mehr leisten, was aber nicht bedeutet, dass sie ihren Seelenfrieden gefunden haben.

Da fällt mir ein gutes Beispiel ein: Ein Single, der sich einsam fühlt, geht auf der Straße spazieren. Ihm kommt ein Pärchen entgegen, das sich angeregt unterhält und dabei herzhaft lacht. Der Single denkt sich: Ach, sind die glücklich. Warum kann ich das nicht haben? Ich möchte das auch! Der Single hat einen Moment wahrgenommen und schon arbeitet der Verstand auf Hochtouren. Es wird schubladisiert, verglichen, erinnert und interpretiert, dass sich die Balken biegen. Davon bekommen wir selbst nicht einmal etwas mit. Dies geschieht unterschwellig. Es könnte gut sein, dass dieser mit Glück assoziierte Augenblick einmalig ist. Vielleicht streitet das Pärchen ziemlich oft oder es sieht sich recht selten. Wir wissen es nicht und doch setzen wir Dinge voraus. Wir leben in und aus Spekulationen und Vermutungen. Dabei bilden wir uns ein, dass wir Realität erfahren. Ein flüchtiger Moment sagt doch nichts über die Sache aus. Aber wir erleben das so. Ist das nicht eigenartig? Hast du darüber schon einmal nachgedacht?

Jeder Mensch verdient das, was er verdient. Der Verdienst passt sich dem Menschen an. Es kann also immer nur so viel Geld zu dir kommen, wie es zu dir passt. Und was passt zu mir? Vergessen wir nicht, dass viele Menschen sich viel Geld wünschen und aufgrund dieses Wunsches über viel Geld verfügen. Fluch oder Segen? Das ist hier die Frage. Geld macht bestimmt nicht unglücklich, ist aber auch nicht die Erfüllung. Geld ist etwas Wunderbares, wenn wir keine Bindung dazu haben. Wenn du heute eine Million im Lotto gewinnst und morgen noch genauso zufrieden bist, nachdem du sie wieder verloren hast, hast du realisiert, was wahre Zufriedenheit bedeutet.

Wenn ich nicht viel arbeite, werde ich auch nicht viel verdienen.
Was ich darüber denke. Das sehe ich anders. Was mir dazu einfällt:

_____

_____

_____

_____

_____

Manche Schwierigkeiten hätte ich vermeiden können

Glaubst du, dass du manche Schwierigkeiten hättest vermeiden können?
☐ Ja   ☐ Nein   ☐ Weiß nicht

Hindernisse und Schwierigkeiten sind Stufen, auf denen wir in die Höhe steigen.

Friedrich Nietzsche

Es gibt keine Schwierigkeiten, nur Situationen, die anders verlaufen, als wir sie uns vorgestellt haben. Schwierigkeiten sind somit lediglich Situationen, die wir ablehnen. Und es gibt auch keine Schwierigkeiten, sondern nur Herausforderungen. Ohne Herausforderungen gäbe es kein Leben. Das ganze Leben ist eine Herausforderung, es besteht aus vielen einzelnen Aufgaben, die es zu erledigen gilt. Was unterscheidet eine leichte von einer schwierigen Situation, außer dass du sie so empfindest?

Natürlich gibt es Situationen, die nicht gerade angenehm sind, aber so ist das Leben. Anstatt sich über schwierige Situationen zu beschweren, sollten wir sie betrachten und mit unserer Einsicht vom Trugschluss erlösen. Warum uns das nicht gelingen will, liegt wohl an den Widerständen, die uns emotional traktieren. Wir wehren uns mit Händen und Füßen gegen Situationen, die sich dadurch aber nicht in Luft auflösen werden. Ob wir dagegen oder dafür sind, die Situation bleibt, wie sie ist. Warum also stellen wir uns ihr nicht und bewältigen sie gewaltfrei? Bewältigen hat etwas mit Gewalt zu tun.

Auch hier gilt es hinzuschauen, dass alles, was geschieht, mit uns selbst zu tun hat. Dies bedeutet nicht, dass wir schuld daran sind, sondern dass uns etwas widerfährt, was uns zu hundert Prozent entspricht. Wir haben nichts falsch gemacht, wofür uns das Leben bestraft. Diese Sicht ist absurd. Diesen irrsinnigen Gedanken sollten wir aus unserem Kopf entfernen.

Stelle dich deinen Aufgaben und teile sie nicht in leichte und schwierige ein. Sieh die Aufgabe an sich, ohne sie zu bewerten. Vergleiche sie nicht mit anderen Aufgaben oder mit denen anderer. Akzeptiere die Gegebenheiten mit dem Wissen, dass es seine absolute Richtigkeit hat und absolut nichts richtig oder falsch gelaufen ist. So wirst du einen guten Weg finden, mit dem, was dir widerfährt, umzugehen.

Manche Schwierigkeiten hätte ich vermeiden können. Was ich darüber denke. Das sehe ich anders. Was mir dazu einfällt:

_____

_____

_____

_____

_____

Das Leben ist schön

Das Leben ist schön, was meinst du?
☐ Ja   ☐ Nein   ☐ Weiß nicht

Als Kind ist jeder ein Künstler. Die Schwierigkeit liegt darin, als Erwachsener einer zu bleiben.

Pablo Picasso

Dazu gibt es eigentlich nichts zu sagen. Sobald sich Gedanken, Gefühle, Vergleiche, Meinungen, Urteile und Vorstellungen dazugesellen, haben wir ein Problem. Das Leben ist schön. Punkt.

Jedes Aber, das wir hinzufügen, nimmt diesem Satz die Reinheit. Deswegen belassen wir es dabei. Lassen wir den Satz stehen, wie er ist. Ohne Wenn und Aber. Einfach so.

Der Verstand findet immer etwas, um Einspruch zu erheben und in diesem Fall natürlich auch diesen Satz in die Mangel zu nehmen. Deswegen lassen wir ihn erst gar nicht damit anfangen. Er spricht ja ohnehin nur in unserem Kopf. Interessant, dass wir ihn hören.

Das Leben ist schön.
Was ich darüber denke. Das sehe ich anders. Was mir dazu einfällt:

_____

_____

_____

_____

_____

_____

_____

_____

_____

Das Chaos ist die Ordnung der Natur. Wenn ich keine Unordnung schaffe, ist das Leben in Ordnung.

Siehst du es so, dass das Chaos die Ordnung der Natur ist? Dass das Leben in Ordnung ist, wenn du keine Unordnung schaffst?
☐ Ja   ☐ Nein   ☐ Weiß nicht

Zuerst verwirren sich die Worte, dann verwirren sich die Begriffe, und schließlich verwirren sich die Sachen.

Chinesische Weisheit

Wir glauben, ständig etwas in Ordnung bringen zu müssen. Auch sind wir davon überzeugt, dass unser Leben manchmal komisch ist. Wenn vieles zusammenkommt, einiges nicht funktioniert und manches schiefläuft, vermissen wir die Ordnung. Wir haben eine gewisse Vorstellung, wie das Leben sein soll, doch so wird das Leben nie sein und so muss es auch nicht sein. Das Leben ist so, wie es ist, in Ordnung – und zwar immer. Für den, der sich in einer schwierigen Lebenssituation befindet oder gerade im Chaos untergeht, ist das nur schwer nachzuvollziehen. Was ist also damit gemeint? Wie können wir das verstehen?

Auch wenn wir meinen, dass etwas nicht in Ordnung ist, bedeutet das noch lange nicht, dass es in Unordnung ist. Wie aber kann Krankheit in Ordnung sein? Wie kann ein Schicksalsschlag in Ordnung sein? Wie können Schmerz, Trauer und Leid in Ordnung sein? All das gehört zum Leben. Wir versuchen es zwar zu umgehen und ständig zu vermeiden, aber wie wir alle schon gemerkt haben, funktioniert das nicht. Wo Menschen sind, herrscht Unordnung. Alles ist bestens, es sind unsere Gedanken, die den Alltag chaotisch gestalten und das Leben so erscheinen lassen. Ich erwähne hier noch einmal die Vorstellung, weil dies eine sehr wichtige Komponente ist, wenn es um Ordnung geht. Wann ist für dich alles in Ordnung? Wenn alles so läuft, wie du es möchtest? Wenn es nichts gibt, was aneckt, nervt oder mühsam ist? Das ist wunderbar. Doch das hält nicht an, wie wir alle wissen. Und es spielt auch gar keine Rolle, wenn wir uns mit den Gegebenheiten aussöhnen und sie so sein lassen.

Wenn du keinerlei Vorstellungen hast, keine Erwartungen hegst, keine Ziele vor Augen hast und frei von Absichten lebst, wirst du die Welt völlig anders sehen, als du sie jetzt erlebst. Etwas kann ja nur dann in Unordnung sein, wenn man eine Vorstellung davon hat, wie Ordnung sein muss. Doch der Maßstab dafür ist heikel. Wer bestimmt, was in Ordnung ist, und wer weiß, was Unordnung bedeutet?

Diese Glaubenssätze sollten wir loslassen, damit wir mit uns selbst im Reinen sind. Wir können das Leben nur dann bejahen, wenn wir es sein lassen, wie es ist, und endlich damit aufhören, es zu manipulieren. Wir können es ändern wollen, aber das wird das Leben nicht beeindrucken. Wenn ich sage, dass alles in Ordnung ist, bedeutet dies nicht, dass alles gut ist. Krankheit finden wir alle nicht gut, aber es ist in Ordnung, krank zu sein. Dies bedeutet so viel, wie dem Leben zu erlauben, so zu sein, wie es ist. Denn wenn wir es ihm nicht erlauben, wird es sich auch nicht anders zeigen. Wenn wir es aber so annehmen können, wie es ist, leben wir im Einklang mit der Ordnung des Lebens. Wir müssen diese für uns eigenartig erscheinende Ordnung weder gut noch schlecht finden, wir können sie einfach akzeptieren.

Das Chaos ist die Ordnung der Natur. Dies ist eine Weisheit, die in allen Belangen stimmt. Kannst du dich mit ihr anfreunden?

Das Chaos ist die Ordnung der Natur. Wenn ich nicht Unordnung schaffe, ist das Leben in Ordnung.
Was ich darüber denke. Das sehe ich anders. Was mir dazu einfällt:

_____

_____

_____

_____

_____

_____

_____

_____

Es gibt keinen passenden Partner

Gibt es keinen passenden Partner?
☐ Ja   ☐ Nein   ☐ Weiß nicht

Die Liebe ist so unproblematisch wie ein Fahrzeug. Problematisch sind nur die Lenker, die Fahrgäste und die Straße.

Franz Kafka

Man könnte es auch anders bezeichnen. Man könnte sagen, es gibt keinen unpassenden Partner. Der Partner passt immer. Und ich spreche hier nicht nur von Zweierbeziehungen, sondern von allen Partnerschaften. Alle zwischenmenschlichen Beziehungen sind nahezu perfekt. Es treffen immer die richtigen Menschen aufeinander, weil sie sozusagen das perfekte Spiegelbild sind. Wem auch immer wir begegnen, es kann keine falsche oder schlechte Begegnung sein. Natürlich können wir diese Begegnung ablehnen, Fakt ist, dass sie uns etwas aufzeigen will. Wir können aus jeder Begegnung etwas lernen. Vor allem können wir uns selbst besser kennenlernen, wenn wir Menschen offen begegnen. Und es geht um nichts anderes, als uns unserem eigentümlichen Verhalten und unseren Empfindungen zu stellen. Wenn wir ständig auf Abstand gehen und Ablehnung praktizieren, ist das natürlich angenehmer, aber hilfreich ist es nicht. Vor wem wollen wir uns verstecken?

Wir können uns vor niemandem verstecken, im End-effekt flüchten wir tatsächlich vor uns selbst. Wir haben Angst vor unseren Gefühlen, möchten uns unguten Situationen nicht ausliefern und Konfrontationen vermeiden. Dies ist ein durchaus gängiges Verhalten, das auch einen Grund hat. Wenn wir vor gewissen Situationen Angst haben, ist es nicht die Situation, die uns ängstigt, sondern die Emotionen, die bei uns hochkommen. Wir versuchen sozusagen uns selbst zu meiden, oder besser gesagt unsere Persönlichkeit. Unsicherheit, Schamgefühle, Minderwertigkeitsgefühle, Angst vor Verletzungen und vielen weiteren unguten Emotionen möchten wir aus dem Weg gehen. Aber genau das sollten wir meiden und nicht die Situation selbst. Wie sollen wir uns unseren Schwächen stellen und an ihnen arbeiten, wenn wir ihnen ausweichen und sie unterdrücken? Wie sollen wir über unsere Grenzen hinauswachsen, wenn wir uns einigeln und all das scheuen, was uns unsere Ecken und Kanten zeigt?

Genau das, wovor wir weglaufen, sollten wir aufsuchen. Stellen wir uns unseren Unzulänglichkeiten und schauen wir hin, wo wir unser Licht unter den Scheffel stellen. Das ist so, als ob der Baum Angst davor hätte, Baum zu sein. Hab keine Angst vor dir selbst und vor deinen Stärken. Du siehst nur die Schwächen? Dann zieh deine Aufmerksamkeit von ihnen ab und richte sie nach innen. Und wenn du Schwächen erkennst, kannst du Folgendes tun: sie anerkennen, um anschließend zu erkennen, dass sie zu deiner Persönlichkeit gehören und nicht zu deiner wahren Größe. Um die wahre Größe zu erkennen, müssen wir zuerst herausfinden, was es mit dieser

Persönlichkeit auf sich hat. Man könnte sagen, dass wir erst dann partnerschaftsfähig sind. Solange wir noch alles persönlich nehmen, ist es völlig normal, dass in Beziehungen Machtkämpfe stattfinden.

Jeder weiß alles besser, jeder will den anderen belehren, jeder glaubt, im Recht zu sein, und jeder will den anderen ändern. Keiner weicht von seinem Standpunkt ab. Tragisch. Niemand kommt auf die Idee, sich selbst zu ändern und den anderen so sein zu lassen, wie er ist. Denn wer seine Sichtweise ändert, dem ist es möglich, das Sosein des anderen zu akzeptieren. Das andere ist nie falsch, wir wollen nur, dass es anders ist, wie es ist. Warum verhalten wir uns so? Es scheint so zu sein, dass wir uns hier irgendetwas falsch angelernt haben. Wir bilden uns tatsächlich ein, dass wir die Aufgabe und das Recht haben, den anderen so zu formen, wie wir es gerne haben möchten. Deswegen gibt es auch so viele schwierige Beziehungen und kaum eine funktioniert. Menschen gehen wieder auseinander, weil der andere so ist, wie man es selbst nicht möchte. Die anderen sind immer so, wie es einem nicht passt. Das versteht sich von selbst, dass das so ist, wo doch jeder anders ist.

Jeder Mensch wünscht sich, dass er vom anderen akzeptiert wird. Jeder Mensch möchte so sein, wie er ist, und sich nicht verstellen oder anpassen müssen. Du nicht auch? Nun, wenn du das möchtest und dich wohl dabei fühlst, wenn dich keiner bemängelt, und du so geliebt wirst, wie du bist, ist es an der Zeit, dich genau so zu verhalten. Begegne jedem Menschen so, wie du wünschst, dass er dir begegnet. Schöner Satz. Wann leben wir ihn?

Jede Begegnung passt, jeder Partner passt, alles passt. Wenn wir versuchen, es passend zu machen, haben wir nicht verstanden, worum es im Leben geht. Wir haben nicht verstanden, worum es in Beziehungen geht. Beziehungen sind dazu da, dass wir uns selbst erkennen und weiterentwickeln können.

Sie sind nicht dazu da, damit wir den Partner ändern, sondern dass wir unsere alten Gewohnheiten, Muster und Programme ändern. Eine neue Sichtweise ist immer begrüßenswert. Sie lässt uns nicht nur anderen harmonischer begegnen, sondern uns selbst zur ureigenen Harmonie zurückkehren.

Eine Partnerschaft ist gegenseitiges Aufdecken der Schwächen, und indem diese nicht persönlich genommen werden, können sie abfallen oder sich in Stärken wandeln.

Es gibt keinen passenden Partner.
Was ich darüber denke. Das sehe ich anders. Was mir dazu einfällt:

_____

_____

_____

_____

_____

_____

_____

Das Leben ist vorherbestimmt

Glaubst du, dass das Leben vorherbestimmt ist?
☐ Ja ☐ Nein ☐ Weiß nicht

Nicht, was wir erleben, sondern wie wir empfinden, was wir erleben, macht unser Schicksal aus.

Marie von Ebner-Eschenbach

Ist das Leben vorherbestimmt? Man könnte sagen, ja, aber das könnte falsch verstanden werden. Es ist wie ein Drehbuch und trotzdem steht es nicht fest. Es ist auf eine gewisse Art und Weise vorgezeichnet, aber es gibt einen Stift. Und den können wir nutzen. Dies funktioniert nur bedingt, aber wir können dennoch etwas tun. Auch wenn dieses Tun anders funktioniert, als es unserer Vorstellung entspricht.

Gibt es Schicksal? Mit Bestimmtheit gibt es Schicksalsschläge. Doch wie kommt es dazu? Diese Antwort wird uns niemand geben können. Es geschehen Dinge, auf die wir keinen Einfluss nehmen können. Wenn wir zum Beispiel einen Unfall haben und dabei jemand verletzt wird, wobei uns die Schuld zugewiesen wird, sind wir dann wirklich schuld? Wir haben das Auto zwar gelenkt, aber hätten wir anders reagieren können?

Hätten wir nicht anders reagiert, wenn wir es gekonnt hätten oder wenn es das Leben anders gewollt hätte? Es gibt Dinge, denen wir nicht ausweichen können. Vieles geschieht durch Unachtsamkeit, doch Achtsamkeit ist eine Frage der Reife. Erst wenn wir älter und weiser werden, sind wir achtsamer, und wenn wir achtsamer sind, können wir eventuell einiges umgehen. Doch etwas, was geschehen muss, kann nicht umgangen werden. Ob wir es nun Karma nennen oder ihm einen anderen Namen geben, ist völlig gleich. Fakt ist, dass uns Dinge ereilen, die unabwendbar sind.

Niemand sucht sich einen Unfall, eine Krankheit oder Ähnliches aus und doch widerfährt es uns. Viele Menschen machen sich Vorwürfe, warum sie nicht anders gehandelt haben, warum sie nicht besser auf ihren Körper geschaut haben, warum sie so nachlässig waren … warum, warum, warum. Auch dies lässt sich nicht beantworten. Gewisse Dinge lassen sich nun einmal nicht erklären. Das Leben geht seinen eigenen Weg. Unser Leben ist unser Spiegelbild. Es ist wie ein Abdruck des Innenlebens, das sichtbar und somit erlebbar wird. Deshalb muss das Leben mit uns etwas zu tun haben und auch die Ereignisse.

Spüre in dich hinein, wie dein Lebenslauf auf dich wirkt, welche Spuren er hinterlassen hat und vor allem, wie du damit umgegangen bist. Wie wirst du zukünftig damit umgehen?

Bevor wir zur Frage übergehen, möchte ich dir eine kleine Zwischenaufgabe geben. Schreibe bitte mindestens einen sogenannten Schicksalsschlag auf, eine Situation, die dein Leben auf den Kopf gestellt hat. Wenn du meh-

rere solcher Situationen hast, kannst du natürlich auch mehrere aufführen.

1. _____

2. _____

3. _____

4. _____

5. _____

Danach suche dir das heraus, was dir am meisten zugesetzt hat. Notiere kurz, wie du dich verhalten hast, wie es dich geprägt hat und wie es heute auf dich wirkt:

_____

_____

_____

_____

_____

_____

_____

_____

_____

_____

Nun nimm dir die Situation heraus, die du am leichtesten verdauen konntest. Was war anders, was hast du anders gemacht, wie hat dich die Situation geprägt und wie gehst du heute damit um?

_____

_____

_____

_____

_____

_____

_____

_____

Es geht nicht darum, Lösungen zu finden, sondern in erster Linie die Dinge festzuhalten, sie auf Papier zu bringen, um sie betrachten zu können, um sich etwas bewusst zu machen, das man übersehen oder nur flüchtig betrachtet hat.

Alles, was nach außen geht, kann sich befreien. Ob du dir etwas von der Seele schreibst oder sprichst, um loszulassen, beides kann sehr hilfreich sein. Wir sind es gewöhnt, immer nach Lösungen zu suchen. Auch glauben wir, dass wir herausfinden müssen, was wir hätten besser machen können oder falsch gemacht haben. Auch dieses Verhalten können wir aus unserem Leben streichen. Du hast nichts falsch gemacht und du hättest auch nichts besser machen können. Die Sache ist so, wie sie ist, in Ordnung und gut so, wie sie war. Sie lebt ohnehin nur noch in deiner Erinnerung und deshalb ist es wichtig, sie ab sofort nicht mehr zu beleben. Du hast sie aufgeschrieben und nun kannst du sie hinter dir lassen. Hauptsache, du beschäftigst dich nicht mehr damit und räumst der Sache keinen Stellenwert mehr ein.

Es ist so, als würdest du sie in eine Schublade stecken. Du musst diese Schublade nicht mehr aufmachen. Lass sie zu und lebe im Jetzt. Sobald du es gedanklich wieder herbeiholst, wird sich die Schublade wieder öffnen. Möchtest du das?

Das Leben ist vorherbestimmt.
Was ich darüber denke. Das sehe ich anders. Was mir dazu einfällt:

_____

_____

_____

_____

_____

_____

_____

_____

_____

Es gibt viele Menschen, die Hilfe benötigen

Glaubst du, dass es viele Menschen gibt, die Hilfe benötigen?

☐ Ja   ☐ Nein   ☐ Weiß nicht

Man kann nicht allen helfen, sagt der Engherzige und hilft keinem.

Marie von Ebner-Eschenbach

Gibt es viele Menschen, die Hilfe benötigen? Siehst du das so? Ich sage dazu nur eines: Menschen, von denen du glaubst, dass sie Hilfe brauchen, sind der beste Spiegel überhaupt. Gibt es Menschen, die Hilfe benötigen? Gibt es sie wirklich? Oder gibt es vielleicht nur Menschen, die anderen helfen wollen, weil sie mit deren Handlungen oder deren Leben nicht einverstanden sind?

Ich spreche hier nicht von Naturkatastrophen oder schwerer Krankheit. Ich spreche von den ganz normalen zwischenmenschlichen Geschichten, in denen man versucht, die Probleme des anderen zu lösen, oder ihm durch Ratschläge seinen Lernprozess nimmt. Unser Verhalten ist manchmal ein regelrechter Eingriff oder Übergriff und wir bemerken es nicht. Wir sollten unsere Nase nicht in Angelegenheiten stecken, die uns nichts angehen. Dies bedeutet keineswegs, nicht für den anderen da zu sein, sondern ihm nicht die Verantwortung für sein Leben abzunehmen. Auch bedeutet es, dass du ihm nichts zutraust. Er braucht dein Dazwischenfunken nicht, sondern deine Liebe. Und Liebe ist etwas, was sich im Gegenteil zur Person nicht einmischt.

Übergehe den anderen nicht, indem du ihn um seine Selbstständigkeit bringst. Du weißt nichts besser und kennst auch nicht seinen Weg, weil du die Zusammenhänge nicht kennst. Du weißt nicht, wie es zu dieser Situation gekommen ist. Du kennst vielleicht ein paar Eckdaten, aber das sind nur Momentaufnahmen, Vermutungen, die an der Oberfläche gekratzt haben. Dies reicht nicht aus, um die Prozesse und Aufgaben des Menschen zu kennen. Übernimm dich nicht und halte dich zurück. Höre zu und sei für den anderen da. Dies ist eine wirklich lobenswerte Geste.

Es gibt viele Menschen, die Hilfe benötigen.
Was ich darüber denke. Das sehe ich anders. Was mir
dazu einfällt:

_____

_____

_____

_____

_____

_____

Ich möchte einen Beruf, mit dem ich anderen helfen kann

Möchtest du einen Beruf, mit dem du anderen helfen kannst?
☐ Ja   ☐ Nein   ☐ Weiß nicht

Wenn ich die Folgen geahnt hätte, wäre ich Uhrmacher geworden.

Albert Einstein

Unter »Beruf oder Berufung« auf Seite 82 habe ich diese Thematik bereits behandelt. Wenn du möchtest, kannst du sie noch einmal durchlesen. Schreibe aber zuerst auf, was dir zu diesem Thema einfällt. Danach kannst du den Abschnitt »Beruf oder Berufung« noch einmal durchgehen, um zu sehen, wie es sich im Bezug zu deinen Gedanken verhält.

Ich möchte einen Beruf, mit dem ich anderen helfen kann. Was ich darüber denke. Das sehe ich anders. Was mir dazu einfällt:

_____

_____

_____

_____

_____

Gesundheit ist Veranlagung

Siehst du es so, dass Gesundheit Veranlagung ist?
☐ Ja   ☐ Nein   ☐ Weiß nicht

Es gibt tausend Krankheiten, aber nur eine Gesundheit.

Carl Ludwig Börne

Viele Menschen sind krank. Und viele Menschen glauben, dass es sich nicht gehört, krank zu sein. Manche glauben sogar, dass Krankheit eine Schwäche ist. Dies macht die Krankheit nicht gerade einfacher. Diese Glaubenssätze haben sich tief in uns eingeprägt. Ein kranker Mensch ist nichts wert. Unglaublich, in welchen Programmen wir uns verfangen haben. Ein weiteres Programm kam in der Zeit auf, wo New Age und Esoterikbewegungen die Menschen prägten. Man redete den Menschen ein, dass Spiritualität gewisse Grundsätze beinhaltet. Einer davon lautet: Spirituelle Menschen werden nicht krank. Krankheit ist eine Schwäche.

Ein weiterer Irrglaube lautet: Spirituelle Menschen brauchen kein Geld. Es gibt noch viele weitere Irrtümer, die sich in den Menschen als Wahrheit eingenistet haben. Doch diese beiden sind wohl die am häufigsten verbreiteten, die den Menschen ein merkwürdiges Denkverhalten beschert haben. Dieses hat nicht nur Druck, sondern auch viel Leid erschaffen. Reichtum und Krankheit haben mit Spiritualität absolut nichts zu tun. Man könnte aber auch sagen, dass alles spirituell ist. Dies ist wohl eine Frage der Perspektive. Aus der persönlichen Sicht der Begrenzungen aus gesehen existiert die Überzeugung dieser Glaubenssätze. Aus einer unpersönlichen Betrachtungsweise hat überhaupt nichts mit irgendetwas zu tun, weil es der Mensch ist, der die Dinge miteinander verbindet und selbst in Bindungen feststeckt.

Der einzige Unterschied vom spirituellen Armen zum spirituellen Reichen ist, dass der bewusste Mensch keine Bindung zum Besitz hegt. Der einzige Unterschied vom spirituellen Kranken zum spirituellen Gesunden ist, dass sich der bewusste Mensch nicht als Körper erlebt. So spielt es überhaupt keine Rolle, ob wir krank oder arm sind, wenn wir die richtige Einstellung haben. Umstände haben an und für sich absolut nichts zu sagen, solange wir sie nicht einordnen und sie als gut oder schlecht bezeichnen.

Natürlich haben unsere Lebenshaltung, Bewegung, Ernährung und geistige Einstellung einen Einfluss auf Gesundheit, aber nur im geringen Maße. Wir können mit einem ungesunden Lebenswandel dem Körper sicher Schaden zufügen, doch Krankheit lässt sich nicht verhindern. Krankheit ist im Grunde genommen nichts Schlimmes, sondern eher etwas Erlösendes. Ein sintflutartiger Regen kann schon bedrohlich sein, aber er reinigt alles und bringt die Natur zum Blühen. Welche wertvolle Botschaft können wir aus diesem Satz ins Leben mitnehmen?

Das Geschenk der Krankheit erkennen wir meistens erst, wenn wir sie überstanden haben. Wir neigen dazu,

Krankheit zu bekämpfen, weil wir sie loswerden wollen und sie als etwas Unangenehmes empfinden. Natürlich ist es nicht lustig, krank zu sein, aber einen Lottogewinn weisen wir auch nicht zurück. Wenn wir alles in unserem Leben sein lassen und weder für oder gegen etwas sind, werden wir allem ganz anders begegnen. Wir müssen die Krankheit nicht mögen, aber wir müssen auch keinen Widerstand gegen sie hegen. Wir können ohnehin nichts anderes tun, als sie zu durchleben. Es kommt auf die Haltung an, wie sie uns begegnet.

Wer Abstand zu seinem Körperbewusstsein hält und sich nicht mehr nur als Körper erlebt, wird schnell merken, dass sich auch in Situationen der körperlichen Disharmonie ein gewisser Gleichmut einstellt. Man fühlt sich nicht wohl, hat Schmerzen und es geht einem nicht gut, aber es spielt keine so große Rolle. Man weiß, dass es jetzt so ist und dass es sich wieder ändern wird. Also gibt man sich dem Augenblick hin. Auch ein Gewitter wird vorüberziehen. Wehre dich nicht gegen den Regen. Er mag sauer sein, aber er ist nicht dein Feind. Der eine ist krank und der andere gesund. Hier brauchen wir keine Vergleiche anzustellen. Es ist so, wie es ist. Und so können wir es stehen lassen.

Jeder Mensch sieht anders aus, keiner gleicht dem anderen. Beschweren wir uns darüber? Das tun wir nicht, weil wir das als normal erachten. Wir könnten jeden Tag stundenlang miteinander debattieren, warum wir nicht alle gleich aussehen. Es würde nichts daran ändern. Das ist derselbe Irrsinn, den wir in anderen Belangen praktizieren, weil wir keine Ahnung vom wirklichen Leben haben. Wir eignen uns Wissen an, sammeln Erfahrungen und haben nichts anderes zu tun, als das nachzuplappern, was wir hören oder lesen. Wann beginnen wir damit, uns mit uns selbst auseinanderzusetzen und diese Glaubenssätze zu durchleuchten?

Richten wir unseren Finger, der ziemlich oft auf andere zeigt, doch auf uns selbst. Was ist so schwierig daran, die Richtung zu drehen? Wir wurden nicht ins Leben gespült beziehungsweise auf die Erdoberfläche gesetzt, um ein bisschen vor uns hin zu leben und irgendwann zu sterben. Wir haben eine Aufgabe. Und diese Aufgabe ist es, uns selbst, unser Selbst zu entdecken. Sie sollten wir nicht aus den Augen verlieren. Wenn wir allerdings gerne leiden, können wir so weitermachen wie bisher. Nichts leichter als das.

Gesundheit ist Veranlagung.
Was ich darüber denke. Das sehe ich anders. Was mir dazu einfällt:

_____

_____

_____

_____

_____

_____

_____

Das Leben ist schön!

Fange an, diesen Moment zu leben, und du wirst sehen – je mehr du lebst, desto weniger Probleme wird es geben.

Osho

Schreibe hier bitte nieder, was du am Leben schön findest:

1. _____

2. _____

3. _____

4. _____

5. _____

6. _____

7. _____

8. _____

Im nächsten Punkt schreibst du bitte auf, was dir weniger gefällt:

1. _____

2. _____

3. _____

4. _____

5. _____

6. _____

7. _____

8. _____

Was könntest du an den Punkten ändern? Was könntest du definitiv tun, damit sich der jeweilige Punkt in etwas Positives wandelt oder völlig auflöst?

1. _____

_____

_____

☐ Das traue ich mich noch nicht.
☐ Der Zeitpunkt stimmt noch nicht.
☐ Das setze ich sofort um.   ☐ Ich arbeite daran.
☐ Ich nehme mir vor, es innerhalb der nächsten drei Monate umzusetzen.

2. _____

_____

_____

☐ Das traue ich mich noch nicht.
☐ Der Zeitpunkt stimmt noch nicht.
☐ Das setze ich sofort um. ☐ Ich arbeite daran.
☐ Ich nehme mir vor, es innerhalb der nächsten drei Monate umzusetzen.

3. _____

_____

_____

☐ Das traue ich mich noch nicht.
☐ Der Zeitpunkt stimmt noch nicht.
☐ Das setze ich sofort um. ☐ Ich arbeite daran.
☐ Ich nehme mir vor, es innerhalb der nächsten drei Monate umzusetzen.

4. _____

_____

_____

☐ Das traue ich mich noch nicht.

☐ Der Zeitpunkt stimmt noch nicht.
☐ Das setze ich sofort um.　　☐ Ich arbeite daran.
☐ Ich nehme mir vor, es innerhalb der nächsten drei Monate umzusetzen.

5. _____

_____

_____

☐ Das traue ich mich noch nicht.
☐ Der Zeitpunkt stimmt noch nicht.
☐ Das setze ich sofort um.　　☐ Ich arbeite daran.
☐ Ich nehme mir vor, es innerhalb der nächsten drei Monate umzusetzen.

6. _____

_____

_____

☐ Das traue ich mich noch nicht.
☐ Der Zeitpunkt stimmt noch nicht.
☐ Das setze ich sofort um.　　☐ Ich arbeite daran.
☐ Ich nehme mir vor, es innerhalb der nächsten drei Monate umzusetzen.

7. _____

_____

_____

☐ Das traue ich mich noch nicht.
☐ Der Zeitpunkt stimmt noch nicht.
☐ Das setze ich sofort um.   ☐ Ich arbeite daran.
☐ Ich nehme mir vor, es innerhalb der nächsten drei Monate umzusetzen.

8. _____

_____

_____

☐ Das traue ich mich noch nicht.
☐ Der Zeitpunkt stimmt noch nicht.
☐ Das setze ich sofort um.   ☐ Ich arbeite daran.
☐ Ich nehme mir vor, es innerhalb der nächsten drei Monate umzusetzen.

Das Leben ist schön!
   Nun hast du festgehalten, was du gut und weniger gut findest. Schreibe nun auf, was du trotz aller Schwierigkeiten über diesen Satz denkst.

Was ich darüber denke. Das sehe ich anders. Was mir dazu einfällt:

_____

_____

_____

_____

_____

_____

_____

_____

Schlussgedanken

Ich habe vieles erlebt und mein Leben ist und war großartig. Natürlich gab es auch Momente, in denen ich es anders empfunden habe. Aber heute kann ich sagen: Das Leben ist schön! Das Leben ist wunderbar! Es ist alles in Ordnung und alles darf sein, wie es ist! Widerstände haben sich verabschiedet und ein großes Einverstandensein hat sich an ihre Stelle gesetzt. Dieses Einverstandensein ist aber nichts Persönliches, sondern eher ein inneres Verständnis für das Leben an sich.

> Das Leben ist schön! Das Leben ist wunderbar!
> Es ist alles in Ordnung und alles darf sein,
> wie es ist!

Ich weiß, dass es nicht immer einfach ist, und trotzdem lieben wir das Leben. Jeder will überleben, kaum jemand möchte sterben. Vielleicht nur deshalb, weil wir nicht wissen, was beim Sterben auf uns zukommt. Der Überlebensdrang wurde uns ins Leben mitgegeben, wir leben gerne. Gerne leben sollten wir aber nicht nur, wenn das Leben gerade Spaß macht, sondern auch wenn es nicht nach unserer Pfeife tanzt. Das ist die wahre Kunst am Menschsein und diese Kunst ist nichts, was du lernen musst oder kannst.

Du wächst nach und nach in diese Haltung hinein und dafür musst du nichts »tun«. Zumindest nicht dort, wo du es bis jetzt versucht hast. Lass die Handlungen im Außen sein und kehre dich nach innen. Wenn du dort aufräumst, wird sich auch im Außen eine andere Ordnung einstellen. Vergiss nicht, dass immer alles in Ordnung ist, egal wie du es empfindest.

> Es geht nicht um Handlungen,
> sondern um die Haltung.

Eine bewusste Haltung dem Leben gegenüber nimmt man dann ein, wenn man zur Persönlichkeit eine gesunde Distanz entwickelt hat. Das, was wir tun können und tun müssen, ist, uns selbst zu untersuchen, uns zu erforschen, um herauszufinden, was es mit uns und dem Leben auf sich hat. In welcher Beziehung stehen wir dazu? Das ist die große Frage.

Ist es möglich, bis zu unserem innersten Kern vorzudringen? Nein, ist es nicht, weil wir uns nie davon entfernt haben. Wir glauben zwar, diese Hülle, dieser Kreis zu sein, aber wir sind der Ursprung der Hülle, die Mitte im Kreis. Finde deine Mitte. Mache es dir zur Aufgabe, dich nach ihr auszurichten und zu orientieren. Sei ganz Mensch, aber vergiss nicht, dich nicht im Außen zu verlieren und es auch nicht überzubewerten. Überprüfe Wertigkeiten und Prioritäten, um dich neu zu sortieren und eine neue Richtung zu wählen. Sei nicht richtungslos, sondern schaue auf den Kompass, der nicht nur Richtung Norden, Süden, Westen oder Osten zeigt. Wenn du nicht auf die Nadel schaust, wirst du sehen, dass der Kompass einfach hier ist. Er sagt nichts aus und will nichts, er ist. Sei wie dieser Kompass und gehe über alle Richtungen hinaus, in dich hinein, bis es still ist. Dieses Stillsein, das nichts mit dem irdischen Lärm auf sich hat, ist überall. Es ist auch im Lärm enthalten. Es ist etwas, das immer hier ist, ganz gleich ob du dich als Verlierer fühlst, gesundheitliche Probleme hast, dich Geldsorgen plagen oder du überglücklich dein neugeborenes Baby in den Armen hältst. Verliere dich nicht in Ereignissen. Genieße sie, aber vergiss dabei deine Heimat nicht.

Ich bin mir sicher, dass du deinen Weg gehen wirst, so wie das jeder Mensch bewerkstelligen wird. Nimm alle Höhen und Tiefen mit Gelassenheit und wisse, dass sie sich nicht voneinander unterscheiden, wenn du in ihnen keine Unterschiede siehst. Höhen und Tiefen muss man nicht vergleichen, sondern ihnen gleich begegnen. Es ist möglich und es braucht viel Achtsamkeit, Geduld und jede Menge Scharfsinn. Jeder Mensch trägt das Potenzial in sich, seine Ursprünglichkeit wiederzuentdecken. Keiner ist benachteiligt und keiner wird bevorzugt. Wir sitzen alle im selben Boot. Wenn du Unruhe stiftest, fallen

alle ins Wasser, und wenn du dich mit Gleichmut trei-
ben lässt, bleiben alle im Trockenen. Lass diese Worte auf
dich wirken. Sie transportieren eine tiefe Weisheit, die du
mit deinem Herzen entschlüsseln kannst.

Notizen zum Seinlassen und Loslassen:

_____

_____

_____

_____

_____

_____

_____

_____

_____

_____

_____

_____

_____

_____

_____

_____

_____

_____

_____

_____

_____

_____

_____

_____

_____

_____

_____

_____

_____

_____

_____

_____

_____

_____

Lass los

Wir denken ständig an Vergangenes und sorgen uns um die Zukunft, anstatt im Augenblick zu sein. Leben findet jetzt statt und nicht früher oder später. Loslassen ist kein willentlicher Akt, sondern eine Haltung, die man einnimmt und lebt.

Loslassen ist der erste Schritt, wenn es darum geht, einen erfüllten Alltag zu leben. Hier geht es aber nicht darum, sich von überflüssigen Gütern zu trennen oder sich aus Beziehungen zu lösen, sondern genauer hinzusehen, wo Bindungen überhaupt entstehen. Wenn wir realisieren, dass diese nur im Kopf stattfinden und durch Nachdenken immer wieder genährt werden, sind wir bereits einen Schritt weiter.

Gedanken loszulassen bedeutet, die Welt loszulassen und schlussendlich auch sich selbst. Das kleine Ich, das mit Ängsten, Problemen, Ärger, Stress, Vorurteilen, Problemen und Meinungen überladen ist, trägt herzlich wenig zu einem glücklichen und friedvollen Dasein bei. Wenn Gewohnheiten weichen und sich die Sicht auf die Welt weitet, bröckelt es an der Fassade des kleinen Ichs und etwas Großes wird freigelegt.

Das Selbst, das wir in Wirklichkeit sind, wartet nur darauf, von den unzähligen Überlagerungen wie Programmen und Verhaltensmustern befreit zu werden. Loslassen und Seinlassen sind der Ausweg aus dem Gefängnis, das wir uns selbst erschaffen haben.

Lass los und gib allem die Erlaubnis, so zu sein, wie es ist. Ganz gleich, ob du es magst oder ablehnst. Vergiss nicht, mit dir selbst liebevoll und geduldig umzugehen, denn nur wenn du mit dir im Reinen bist, kannst du auch von dir selbst Abstand nehmen.

Über den Autor

Kurt Tepperwein, 1932 in Lobenstein geboren, widmete sich nach langjähriger Unternehmensberater- und Heilpraktikertätigkeit voll und ganz dem Mysterium des Lebens. Als Bewusstseinsforscher, Seminarleiter und Autor unzähliger Werke sieht er seine Aufgabe darin, sein allumfassendes Wissen sowie seine wertvollen Erkenntnisse mit allen suchenden Menschen zu teilen. Tepperwein versteht es wie kaum ein anderer, die materielle und geistige Sicht der Dinge zu umfassen und in einer harmonischen Ganzheit zu betrachten. Ergänzend zu mehr als 90 Büchern sowie zahlreichen DVDs und CDs erreichen seine beliebten Kompakt- und Ausbildungslehrgänge jede Alters- und Berufsgruppe.